Vendre plus grâce au courrier publicitaire

Comment rédiger des lettres publicitaires ciblées et convaincre vos clients - liste de contrôle incluse

Carsten Meinders

CONTENU

Préface

De but fondamental de toute entreprise est d'augmenter la valeur de l'entreprise pour les actionnaires. Que vous souhaitiez obtenir une réponse importante à une annonce dans un journal ou un magazine, une lettre de vente directe ou un site Internet, vous devez être conscient du fait fondamental suivant :

"Qu'est-ce qui fait la spécificité de votre entreprise ?" Le courrier publicitaire est un outil de communication marketing important et fréquemment utilisé. Il peut vous permettre de développer votre clientèle et d'augmenter vos ventes.

Qu'y a-t-il de si spécial dans les lettres publicitaires qui sont toujours lues ? Quelle est la particularité des lettres publicitaires qui vendent des produits ? Quel est le secret des lettres publicitaires que les lecteurs lisent jusqu'à la dernière ligne ? Pourquoi achetons-nous sur la base de certaines lettres publicitaires et non d'autres, alors qu'elles offrent les mêmes avantages et caractéristiques ?

Tout le monde peut écrire une magnifique lettre publicitaire. Certes, vous devrez peut-être acquérir de nouvelles compétences. Mais les célèbres rédacteurs publicitaires d'aujourd'hui ne sont pas nés avec la connaissance de la manière d'écrire de bonnes lettres publicitaires.

Ils sont tous partis de zéro. Ils ont également connu des difficultés et des échecs au début. Mais ils ont persévéré. Une fois que vous aurez appris à jouer le jeu, vous constaterez par vous-même que la rédaction d'une lettre publicitaire efficace est un jeu d'enfant.

Cet e-book vous guide pas à pas dans le processus de rédaction d'une lettre publicitaire efficace, en commençant par la question de savoir quel est votre objectif, en passant par les éléments de base d'une lettre publicitaire et en

terminant par de précieux conseils sur la manière d'améliorer votre lettre publicitaire afin
d'augmenter vos ventes ... Vous trouverez tout
dans cet e-book.

Bonne lecture.

Chapitre 1 - Introduction

TOUT SUR UNE LETTRE PUBLI- CITAIRE

Une lettre de vente est un document destiné à promouvoir les ventes. Elle doit inciter le lecteur à passer une commande ou à demander des informations sur un produit ou un service. L'objectif fondamental est de motiver le lecteur à effectuer une action spécifique.

Résultats de ma recherche et développement

"Je m'adresse à vous pour vous parler de la machine à laver vraiment formidable que j'ai conçue. Tout d'abord, je sais qu'elle est merveilleuse parce que j'ai passé des années à travailler sur toutes sortes de machines à laver. Ensuite, j'ai étendu mon domaine de recherche et développement (R&D) à tous les types de machines à laver commerciales et j'ai été initié à toutes sortes de secrets pour que la saleté ressorte par les endroits les plus inimaginables. Maintenant, DIX ANS PLUS TARD, je suis prêt à vous faire profiter du fruit de mon dur labeur. J'ai mis au point le EZ WASHER. Je dois vous dire qu'elle éclipsera toutes les autres machines à laver que vous avez pu voir".

Trouvez-vous quelque chose de mal dans cette lettre publicitaire ? Presque tout est faux.

Le titre ne concerne que l'auteur et non le client. De plus, certains termes techniques sont utilisés - "R&D" pour recherche et développement. Il s'agit d'un terme industriel qui pourrait irriter certains clients potentiels. Nous n'avons aucune idée de ce à quoi se réfèrent les 10 ans de travail. De même, aucune caractéristique exceptionnelle ne nous est mentionnée. L'auteur se contente de s'extasier de manière générale sur le travail formidable qu'il a accompli. La lettre de vente parle de tout ce qu'il a fait au cours des 10 dernières années et non de ce que je vais obtenir ou du moins de ce à quoi je peux m'attendre.

Avant de commencer à écrire une lettre publicitaire, vous devez essayer de

de vous mettre à la place du client potentiel. Soyez conscient de la manière dont vous traitez les lettres non sollicitées que vous recevez. La plupart de ces lettres, si ce n'est toutes, finissent à la poubelle. Certaines ne sont même pas ouvertes. C'est pourquoi j'ai brièvement résumé ci-dessous les principales raisons pour lesquelles vous devriez rédiger une lettre publicitaire.

a) Il attire l'attention sur le produit et les services que vous proposez.

La raison première et la plus importante d'utiliser le courrier publicitaire comme outil de marketing est d'attirer l'attention du client sur votre produit ou service en présentant des faits appropriés au lecteur.

b) Trouver une excuse pour un futur rendez-vous

La lettre publicitaire peut être utilisée pour sensibiliser le consommateur à un futur contact, par exemple en lui rendant visite en personne ou en l'appelant pour un rendez-vous.

c) Réponse aux demandes

Si le client a précédemment demandé des informations supplémentaires sur un produit ou un service donné, une lettre promotionnelle peut être envoyée pour répondre à ses questions. Cela peut constituer en soi une base pour la vente du produit ou du service.

d) Informations générales

Une lettre publicitaire peut informer le consommateur des dernières offres, produits, services, ventes, etc. Il peut s'agir de toute autre information dont vous pensez qu'elle intéressera le lecteur. Le consommateur peut vous avoir demandé spécifiquement de l'informer de telles informations et/ou vous pouvez vous adresser exclusivement à des groupes de consommateurs.

Pour savoir comment rédiger votre lettre de motivation, il est important de définir vos objectifs. Si vous êtes sûr de votre objectif, il vous sera facile d'appliquer la technique requise. En voici quelques-unes :

COMPARAISON ENTRE LES PROPOSITIONS NON SOLLICITÉES, LES BROCHURES ET LES COURRIERS PUBLICITAIRES

Que vous prépariez une brochure ou que vous rédigiez une offre non sollicitée, vous pouvez toujours faire mieux en reconnaissant les similitudes et les différences entre les deux.

Une brochure est un document sur vos produits et services. Elle est souvent produite à grande échelle et distribuée incognito. Les brochures existent en différentes formes et tailles et sont généralement imprimées dans des couleurs vives et avec de nombreux graphiques.
Un devis non sollicité est un article sur vos produits et services. Il est généralement rédigé de manière indépendante et remis à une personne spécifique (même s'il s'agit d'une personne que vous ne connaissez pas trop bien). Il prend souvent la forme d'une lettre, à moins qu'il ne s'agisse de documents volumineux qui doivent être reliés.

Une lettre publicitaire est une offre courte et vise toujours à vous inciter à faire quelque chose. Selon la situation, les lettres publicitaires peuvent être adressées ou non à des personnes spécifiques et sont parfois envoyées à des personnes que vous ne connaissez pas.

En quoi consiste donc la dissemblance ? Il s'avère qu'il n'y a en réalité pas de grande différence entre eux. Toutes doivent fournir des informations et cherchent généralement à influencer. Parfois, l'objectif principal d'une brochure est de fournir des informations. Une caractéristique distinctive essentielle est de savoir si la brochure vise à vous inciter à effectuer une action spécifique. Les supports marketing sont presque toujours conçus pour inciter le lecteur à faire quelque chose. Il peut s'agir d'une visite en magasin, d'un achat, de la consultation d'un site web ou peut-être simplement d'un appel téléphonique. Si votre brochure se contente de fournir des informations, vous devriez la repenser pour vous assurer qu'elle est convaincante et envisager de la redessiner pour inciter les gens à agir.

Si vous avez un appel à l'action, ou quelque chose pour lequel vous avez le

Si vous voulez inspirer des clients potentiels, il peut être utile de penser à votre brochure comme à une proposition non sollicitée.

La brochure doit être conçue pour convaincre efficacement le lecteur d'exécuter l'invitation à agir.

Lorsque vous écrivez une lettre publicitaire, vous ne comprenez peut-être pas qu'elle n'est pas très différente d'une brochure qui invite le lecteur à agir. Essayez de vous concentrer sur l'esthétique de la brochure.

Que ce soit pour les brochures ou les offres non sollicitées, le risque est de ne pas avoir assez d'informations sur le lecteur. Plus vous en savez sur le lecteur, plus vous pouvez être convaincant. Cependant, les brochures et les offres non sollicitées sont souvent remises à des personnes que l'on ne connaît pas trop, généralement dans l'espoir de mieux les connaître.

La prochaine fois que vous rédigerez une brochure, une offre non sollicitée ou une lettre publicitaire, prenez le temps d'y réfléchir comme s'il s'agissait de l'un des autres documents. Utilisez la comparaison pour améliorer le document, mais soyez clair sur vos objectifs et votre public.

SEGMENTATION, CIBLAGE ET POSITIONNEMENT

Lors de la préparation de votre lettre publicitaire, vous devez vraiment bien connaître le produit ou le service proposé, la dynamique du marché et les besoins déclarés et non déclarés du lecteur. Rien ne remplace la connaissance du produit ou du service.

Qu'est-ce que le produit ou le service apporte à celui qui en a besoin ? Comment le lecteur peut-il bénéficier de l'achat ? Quelle est la caractéristique unique du produit ou du service ? Pour répondre à ces questions, vous devez d'abord distinguer les avantages des caractéristiques. La lettre promotionnelle doit être en mesure de convaincre le lecteur d'acheter vos produits en se basant sur les avantages qu'offre le produit/service et non sur ses caractéristiques.

L'utilité est ce que le produit ou le service offre et dans quelle mesure le consommateur bénéficie de la caractéristique. Une utilité est le résultat spécifique de la caractéristique. Une caractéristique est ce que le produit ou le service a déjà intégré. L'utilité est ce qui incite les gens à acheter. Par exemple, un réfrigérateur possède un dispositif de dégivrage (caractéristique). Si cette technologie permet de se débarrasser des glaçons indésirables et de garder nos légumes frais et sains, alors nous avons l'utilité de cette fonctionnalité.

Décidez de la manière dont vous souhaitez promouvoir le produit ou le service. Par Internet, publipostage, e-mail, vente directe, publicité imprimée, etc. Existe-t-il d'autres publicités ou ouvrages pour appuyer la lettre de motivation ? Qui sont vos concurrents ? Quelles activités de marketing ont-ils entrepris ? Quel est votre budget publicitaire ? Vos objectifs sont-ils trop ambitieux ?

Qui est votre acheteur potentiel ? Qu'est-ce qui incite une personne à acheter cet objet ? Les experts soulignent que l'émotion la plus fréquemment utilisée pour inciter les gens à acheter est la peur, et un million d'autres variations de cette émotion. Vous devez vous mettre à la place du consommateur pour savoir si votre offre répond aux besoins émotionnels de vos lecteurs.

LE MODÈLE AIDA

Les rédacteurs publicitaires suivent le modèle AIDA. Le modèle AIDA signifie
attention, intérêt, désir (en anglais "desire") et action ou action.

> **Attirez l'attention de vos lecteurs de vos lecteurs**

Si vous voulez que votre lettre publicitaire soit appréciée par vos lecteurs, vous devez d'abord attirer leur attention. Vous pouvez le faire avec un titre percutant ou un paragraphe d'introduction qui enfonce le clou, ou même commencer votre lettre par une question captivante. Par exemple : "Souhaitez-vous réduire votre facture d'électricité de 45 % ?"

Un titre approprié pour une lettre de promotion d'un programme de perte de poids pourrait être : "Maintenant, vous pouvez perdre 15 livres en 2 semaines sans vous affamer ; et c'est facile et abordable !" Non seulement ce titre résout un problème, mais il offre également une solution rapide et simple, tout en gardant à l'esprit le consommateur sensible au prix.

Votre lecteur ne sera intéressé que par ce qui suit : Qu'est-ce que j'y gagne ? Pourquoi devrais-je investir mon temps pour continuer à lire ? Si vous lui dites cela dès le début de votre lettre, il continuera à lire le reste de la lettre, et vous aurez déjà gagné la moitié de la bataille. Dans tous les cas, il atteindra rarement le troisième paragraphe. L'effet doit donc être immédiat. Le cœur du sujet doit être expliqué dès le début.

Susciter l'intérêt

Vous devez susciter l'intérêt du lecteur en lui montrant pourquoi il a besoin de votre produit ou service. Vous devez susciter un besoin pour votre produit ou service. Faites-lui savoir comment sa vie sera plus facile grâce à votre produit. Montrez-lui ce qu'il manquera s'il n'essaie même pas le produit. C'est là que vous devez montrer que vous êtes digne de confiance. Vous pouvez étayer vos arguments avec des témoignages ou des études de cas. Vous pouvez fournir les données de communication des utilisateurs qui ont bénéficié de votre produit. N'oubliez jamais que vous savez tout sur votre produit, de sorte que les "nouvelles éculées" vous semblent être des "nouvelles fraîches".

Susciter le désir

Vous avez maintenant attiré l'attention du lecteur et éveillé son intérêt. Ensuite, vous devez susciter le désir. Dites au lecteur exactement comment il va bénéficier de votre produit. Faites le lien entre les avantages et la vie quotidienne du lecteur. Faites-lui comprendre les avantages de votre produit pour lui, le confort qu'il aura à l'obtenir et le plaisir qu'il aura à vivre après.

Les généralités sont moins convaincantes. Les détails spécifiques sont beaucoup plus crédibles. Par exemple, si vous voulez vendre des livres sur la réduction du vol d'employés : "D'ici la fin de ce trimestre, votre pourcentage de vol d'employés pourrait diminuer de plus de 37%. Imaginez l'effet spectaculaire que cela aura sur vos résultats commerciaux !" Ou si vous vendez un programme de perte de poids : "En 3 semaines, vous aurez perdu 7 kilos. Imaginez les compliments que vous recevrez de votre conjoint. Imaginez à quel point vous serez éblouissante dans votre nouveau maillot de bain" !

Inviter à l'action

Que doit faire le lecteur ensuite ? Envoyer une carte-réponse ? Commander le produit ou le service ? Appeler pour demander plus d'informations ? Prendre un rendez-vous ? Informez-le en conséquence. Il est étonnant de voir combien de lettres publicitaires n'informent pas le lecteur de l'étape suivante. Elles partent du principe que le lecteur est un lecteur d'esprit. Or, ce n'est généralement pas le cas.

Jusqu'à présent, vous avez travaillé dur. Vous avez attiré son attention, éveillé son intérêt, suscité son désir. N'est-il pas approprié d'appeler à l'action ? Ne supposez pas que votre lecteur sait ce qu'il doit faire ensuite. Pour soutenir l'action souhaitée, vous devez toujours joindre une carte-réponse à votre lettre.

Le P.S. est un élément d'une lettre qui est toujours lu. Utilisez le P.S. pour mettre en avant votre avantage le plus convaincant ou pour réaffirmer votre garantie. Ne le gaspillez pas en vous amusant. Utilisé à bon escient, il pourrait être le coup de pouce final qui fera basculer la décision d'achat en votre faveur. Soyez donc concret et donnez le coup de grâce.

Chapitre 2 - Éléments de base d'un publipostage

QUELS SONT LES ÉLÉMENTS DE BASE D'UN PUBLIPOSTAGE ?

Chaque lettre publicitaire suit à peu près l'ordre suivant :

a. Image

b. Titre

c. Mot de bienve-nue.

d. Talon principal

e. Corps

f. Fermer

L'image

S'il existe un logo ou un design pour votre entreprise, ne l'utilisez dans votre lettre de motivation que s'il est vraiment pertinent par rapport à votre offre. Vous ne vendez pas le logo de votre entreprise, mais les avantages que l'acheteur aura en achetant votre produit ou service. Utilisez une image spécifique qui correspond à votre titre, votre contenu et votre sujet, ou n'utilisez pas d'image du tout. Tenez-vous-en aux mots autant que possible.

Emploi à la une

Le titre fait généralement entre 3 et 30 mots. Il doit être accrocheur. Il doit attirer l'attention du lecteur et lui dire de quoi il s'agit dans l'annonce (la lettre publicitaire). Dans l'idéal, le titre a pour fonction d'éveiller la concentration du lecteur, d'interpeller l'observateur, de mentionner un avantage et de donner une assurance.

Mot de bienvenue et paragraphe d'introduction

Toute lettre publicitaire qui influence le lecteur a une chance d'être ouverte et lue.

o Tissez un fil auquel le lecteur peut s'identifier, en utilisant un ton de dialogue.

o Annoncez un nouveau produit ou service, un événement exclusif ou une actualité importante en mettant en avant votre argument de vente.

o Adressez-vous au lecteur d'égal à égal : "Cher acheteur de voiture, savez-vous que ...".

o Vous pourriez commencer par quelque chose de nouveau, peut-être une citation ou une anecdote.

o Vous pourriez commencer par identifier le problème du lecteur que votre produit promet de résoudre.

o Posez une question susceptible d'attirer l'attention du lecteur.

o Attirez l'attention du lecteur sur un secret ou une information inhabituelle.

Vous pourriez utiliser un sous-titre pour répondre à une question posée dans le titre. Par exemple, la partie A pourrait être : "Souhaitez-vous perdre 7 kilos en 3 semaines à un prix abordable ?" La partie 2 pourrait être : "Eh bien, voici comment vous pouvez le faire ..."

Contenu de la lettre

Le texte principal doit avoir le même ton et reprendre le thème du titre. Vous devez continuer à mettre en avant les avantages et à fournir des preuves de ce que vous avancez. Donnez des détails sur les avantages et les caractéristiques. Construisez la crédibilité. Votre objectif fondamental est de susciter un besoin pour vos produits ou services et d'amener les gens à faire ce que vous voulez qu'ils fassent.

Conclusion ou appel à l'action

Si vous invitez le lecteur à commander quelque chose, à vous soutenir ou à vous contacter, vous devez lui permettre de répondre facilement. Vous devez joindre à la lettre publicitaire une enveloppe affranchie et un bon de commande. Si cela n'est pas possible, indiquez un numéro de téléphone gratuit, un lien vers un e-mail et/ou votre URL. Remerciez toujours le lecteur pour sa patience. Utilisez toujours un post-scriptum.

Une dernière suggestion
Le véritable défi est d'amener le lecteur à dépenser son argent durement gagné pour vous. La meilleure façon d'y parvenir est d'utiliser des lecteurs-tests. Les lecteurs-tests peuvent donner leur avis sur le fait qu'il manque quelque chose dans la lettre.

COMMENT CRÉER DES TITRES POUR ANIMER VOS LETTRES DE VENTE ?

Chacun de vos outils marketing a besoin d'un titre. Les titres attirent l'attention, rendent votre message facile à lire, résument vos principaux arguments de vente et incitent vos clients à acheter le produit ou le service.
Utilisez régulièrement des titres dans vos lettres publicitaires pour que les lecteurs comprennent votre message principal sans avoir à trop fouiller.

Les titres vont de "coup de poing" à d'autres, plus discrets, qui ne ressemblent pas du tout à des gros titres.

Votre titre sera perçu s'il fait appel à l'intérêt du lecteur. Vous devez faire référence dans votre titre à une difficulté que le lecteur rencontre ou à quelque chose dont vous savez qu'il a un fort sentiment à ce sujet.

Sept gros titres à l'épreuve de la mort
a. **Posez une question**. "Avez-vous peur de grossir et de devenir flasque ?" Une question dans le titre force le lecteur à trouver une réponse dans sa tête. Vous engagez mécaniquement le client potentiel dans votre message.

b. **Commencez votre titre par "How to"**. "Comment perdre 7 kilos en 3 semaines". Les gens aiment les informations qui montrent comment faire quelque chose de valable.

c. **Donnez un témoignage**. Le conseil d'un client satisfait peut agir comme un catalyseur pour inciter les autres à acheter chez vous.

d. **Donnez une instruction**. Certains titres traditionnels demandent aux lecteurs de "viser haut", "d'aller de l'avant", etc. Transformez votre principal atout en un titre fort.

e. **Une nouvelle importante fait un bon titre**. Cela fonctionne particulièrement bien lors de grands changements dans votre entreprise ou lors du lancement de nouveaux produits.

f. Indiquez une date limite pour une offre spéciale. La plupart d'entre nous sont toujours trop occupés et ont tendance à remettre l'action à plus tard. "Économisez de l'argent maintenant" et "Recevez un bonus si vous achetez maintenant" augmentent la réponse.

g. Les offres gratuites sont souvent celles qui trouvent le plus d'écho. Il existe un mythe selon lequel les clients fortunés ou professionnels sont découragés par les offres gratuites. Ce n'est pas du tout vrai. Adaptez simplement votre offre gratuite au style de vos clients ou à votre secteur d'activité.

Les prospects sont toujours pressés par le temps. Ils sont submergés chaque jour par des centaines d'annonces, de lettres publicitaires, de cartes postales et de publicités. Ils ont tendance à ignorer tout message publicitaire qui semble prendre du temps à être compris. Les titres les aident à prendre une décision. Concentrez-vous donc sur eux.

EST-IL IMPORTANT D'AVOIR UN PREMIER PARAGRAPHE FORT ?

La question cruciale suivante est de savoir comment commencer votre lettre de motivation.

Dites-vous immédiatement au client potentiel ce que vous voulez lui vendre ? Le touchez-vous juste un peu pour qu'il comprenne pourquoi il a besoin de votre produit ou service ?

Le déroulement du premier paragraphe de votre lettre publicitaire dépend du thème que vous avez choisi. Ce thème détermine si votre paragraphe d'introduction adopte une approche créative particulière ou se concentre sur votre offre.

Une fois que votre premier paragraphe est en accord avec votre sujet, l'accent doit être mis sur la phase d'échauffement. Une phase d'échauffement inefficace paralyse une lettre publicitaire plus que tout autre aspect et donne lieu à une lettre moyenne.

Un bon texte de vente va immédiatement à l'essentiel. Votre objectif est de susciter l'intérêt du lecteur. Il ne s'agit pas de poser les bases de la compréhension du texte, mais de susciter un intérêt immédiat pour le sujet que vous avez choisi.

De plus, le premier paragraphe doit être écrit à la première personne. Un moyen rapide de rendre une lettre illisible est de parler à la troisième personne ou d'insérer "nous" dans la lettre. Commencer une lettre par "nous" peut gâcher votre réponse.

Vous trouverez ici une liste complète de règles à respecter lors de la rédaction de votre premier paragraphe :

a. Rendez-le théâtral, intéressant et parfaitement adapté au public cible.

b. Faites en sorte que votre paragraphe soit court.

c. Soyez précis dans vos phrases.

d. Soyez bref dans vos propos.

e. Utilisez le mot "vous" pour vous adresser au client potentiel.

f. Faites en sorte que votre message provienne d'une seule personne, sur une base très individuelle, dans le but de construire un lectorat one-to-one à travers l'ensemble du post.

g. Lorsque vous évaluez une lettre de vente, vous devez avant tout examiner le paragraphe d'introduction. Est-il conforme à l'approche et au goût des six points mentionnés ci-dessus ?

Il n'existe pas de formule rigide pour un paragraphe d'introduction, mais vos lettres susciteront de meilleures réactions si vous respectez les règles plutôt que de les enfreindre.

UN P.S. EST-IL INDISPENSABLE DANS VOTRE LETTRE PUBLICITAIRE ?

Les gens veulent savoir qui leur a envoyé la lettre et ont tendance à se rendre rapidement à la fin de la lettre pour voir à qui appartient la signature finale.

La prochaine chose que vous verrez sous la signature est un post-scriptum (ou P.S.). En fait, votre P.S. peut être le deuxième (après le titre) ou le troisième (après la phrase/le paragraphe d'introduction) élément le plus lu de votre lettre ou de votre e-mail publicitaire. La plupart des rédacteurs publicitaires n'utilisent pas un seul post-scriptum, mais plusieurs (P.P.S.).

La plupart des post-scriptum sont relativement courts, généralement environ 3 ou 4 lignes, résumant l'offre, confirmant le délai et contenant l'appel à l'action.

Le Duden définit P.S. comme suit (littéralement) :

"Post-scriptum - Post-scriptum ; un paragraphe ajouté à une lettre après qu'elle a été achevée et signée par le scribe ; un ajout ajouté à une lettre ou à une composition après que le corps de l'œuvre a été achevé, et qui contient quelque chose d'omis ou de nouveau qui vient à l'esprit du scribe".

Pour les spécialistes du marketing, il offre une dernière opportunité d'inciter les clients potentiels à agir. La meilleure façon d'utiliser ce dernier "ajout" est de mettre en évidence ou de répéter un point important pour le lecteur.

Appliquez ces tactiques. Le P.S. est l'un des éléments les plus lus de toute lettre publicitaire. Il se classe en deuxième position, après le titre et les sous-titres, lorsqu'il s'agit de la priorité du lectorat.

Soyez bref et précis. Un résumé succinct est suffisant pour maintenir l'intérêt du lecteur. Si vous avez besoin de plus d'espace, ajoutez un deuxième P.S.. L'ajout de P.S. supplémentaires est une stratégie particulièrement efficace pour les lettres publicitaires plus longues.

DEVRIEZ-VOUS INCLURE DES GARANTIES ?

Si vous proposez un produit ou un service sans garantie, vous pourriez être sur le point de perdre un pourcentage important de ventes potentielles. De nos jours, les arnaques sont très répandues. Comme il n'y a pas de police ou de modérateurs officiels sur Internet, le nombre d'arnaques est probablement encore plus important.

En raison de ces escrocs et du grand nombre de défis sur Internet, les gens se méfient et cherchent de plus en plus des moyens plus protégés pour profiter des offres. Les garanties sont donc un outil influent pour le marketeur opulent et peuvent faire deux choses très importantes qui contribuent à augmenter ses propres bénéfices : augmenter les ventes et réduire les retours.

En offrant une garantie, vous réduisez la méfiance autour de l'achat de votre produit ou service. Les consommateurs sont assez prudents, et ce d'autant plus lorsqu'ils achètent sur

Internet. Et les garanties vous donnent un crédit presque immédiat auprès des clients potentiels.

Les garanties augmentent la valeur perçue. Prenez par exemple l'histoire des frères Monaghan.

Les deux frères travaillaient dans un bureau à domicile. Ils avaient besoin d'argent pour payer l'université. Ils travaillaient en équipe et allaient à l'université lorsqu'ils avaient congé pendant l'autre équipe. Après avoir subi des pertes pendant environ un an, l'un des frères a vendu sa part de l'entreprise. L'autre est resté dans la petite pizzeria. Dans quelques interviews récentes, Tom Monaghan a déclaré qu'il n'était pas sûr de faire le bon choix. Et le reste appartient à l'histoire. Sa décision a été la meilleure qu'il ait jamais prise. Son activité était basée sur une garantie simple - "Pizza fraîche en 30 minutes ou gratuite" - et Domino's Pizza est devenu l'industrie qui pèse aujourd'hui des milliards de dollars.

Les garanties augmentent les ventes et réduisent les retours.

Les chicanes de retour de marchandises augmentent la praticité et donnent à l'acheteur une plus grande confiance en lui. Utilisez donc les garanties pour assurer votre succès.

Sept conseils pour une garantie formidable

o Rendez la garantie simple et facile. Laissez tomber les excuses et les petits caractères.

o Assurez-vous que toute votre entreprise est convaincue de la philosophie d'exploitation imposée par l'utilisation des garanties.

o Soyez suffisamment familier avec vos clients pour savoir si la garantie les aide réellement.

o Une garantie doit être réciproque, c'est-à-dire que si vous dépassez votre potentiel de performance, vous devez demander un honoraire de résultat.

o Indiquez quels clients peuvent bénéficier de la garantie et lesquels ne le peuvent pas. Limitez le nombre au minimum.

o Réagissez rapidement lorsqu'un client vous demande d'honorer votre garantie.

o Surveillez vos performances pour éviter les surprises.

Les garanties peuvent être classées en cinq catégories très différentes :

o La garantie de remboursement : elle garantit que vos clients ne perdront ni leur temps ni leur argent. Elle les protège également en cas de casse ou de panne du produit.

o La garantie de satisfaction : elle garantit que votre client sera heureux et satisfait de votre service ou de votre produit.

o Garantie de prix : il peut s'agir soit d'un prix fixe garantissant que le prix et/ou les conditions de paiement ne changeront pas ou n'augmenteront pas (par exemple pour les assurances vie), soit d'une garantie que le client ne trouvera pas moins cher ailleurs.

o Garantie de ponctualité : cela contribue à supprimer l'anxiété des clients pressés par le temps. Pour des entreprises comme les imprimeurs, les garagistes et les câblo-opérateurs, une telle offre peut être tentante.

o Garantie Absolut-No-Questions-Asked : elle peut s'appliquer à tout. Essayez-le et voyez.

Chapitre 3 - Conseils pour la rédaction d'une lettre publicitaire

CONSEILS DE BASE POUR RÉDIGER UNE LETTRE DE VENTE EFFICACE

a. **Construire la crédibilité**. En plus de mentionner les avantages, vous devez également inclure des témoignages de personnes qui ont déjà utilisé votre produit ou service et en ont bénéficié. Cela augmente la crédibilité.

b. **Faites en sorte qu'il soit inoubliable pour votre lecteur**. La plupart des courriers non sollicités finissent à la poubelle. Votre mailing doit contenir quelque chose d'unique pour que les gens y consacrent plus de temps. Par exemple, un service de réparation automobile pourrait inclure les 10 meilleurs conseils pour l'entretien de la voiture, etc.

c. **Mettez l'accent sur l'esthétique**. La lettre doit être facile à utiliser. Elle doit avoir un impact visuel attrayant. L'esthétique doit être bien définie. Elle doit également être facile à naviguer.

d. **Incluez un appel à l'action**. Incluez une carte postale, une enveloppe affranchie et/ou un bon de commande. Si cela n'est pas approprié, incluez un numéro de téléphone gratuit, un lien vers un e-mail et/ou votre URL.

e. **Utilisez toujours une incitation**. La lettre doit contenir une incitation à agir rapidement - une réduction, une offre spéciale, des cadeaux, etc.

f. **Résistez à la fonction "lettre en série"**. La technologie a sans aucun doute simplifié la vie. Mais essayez de ne pas écrire des lettres en masse. Personnalisez chaque lettre en fonction des besoins du lecteur.

g. **Établissez des relations durables**. Essayez de construire des relations durables avec vos clients. Pour cela, vous devez "promettre trop peu" et "fournir trop".

h. **Tester le marché**. Quelle que soit la technique que vous souhaitez utiliser, testez toujours le marché.

i. **Adoptez le bon ton**. Votre lettre publicitaire ne doit pas être trop formelle et pleine de termes techniques. Cela pourrait décourager le lecteur.

j. **Un dernier conseil** : assurez-vous d'avoir calculé tous les aspects avant d'envoyer vos mailings. Vous ne voulez certainement pas être inondé d'offres sans disposer des moyens nécessaires.

UN GUIDE EN 12 ÉTAPES POUR UNE BONNE LETTRE PUBLICI-TAIRE

Il n'est pas nécessaire d'être un rédacteur publicitaire primé pour rédiger des lettres publicitaires compétentes. En réalité, la rédaction d'excellentes lettres publicitaires relève plus de la science que de l'art. Même les professionnels utilisent des "modèles" éprouvés pour créer des lettres publicitaires qui donnent les résultats escomptés.

Tout le monde a une forme de résistance à l'achat. L'objectif fondamental de votre lettre publicitaire devrait être de surmonter la résistance à l'achat de votre lecteur et de l'inciter à agir. Ces obstacles se traduisent par de nombreux commentaires de clients, expliqués ou non, comme par exemple

"Vous ne voyez pas mon vrai problème".
"Comment savoir si vous êtes compétent ?"
"Je ne vous crois pas du tout".
"Je n'en ai pas besoin pour le moment".
"Cela ne m'aidera en rien".
"Que se passe-t-il si je ne le trouve pas utile ?"

"Je n'ai pas les moyens de l'acheter".

etc.

La lettre publicitaire doit faire appel aux émotions du lecteur au point de l'inciter à l'action. La lettre doit essayer d'aborder les "hot buttons" ou points de pression émotionnels qui incitent le lecteur à acheter. Les deux principaux facteurs de motivation sont la perspective de gagner et la peur de perdre.

Préférez-vous acheter un cours de 60 dollars sur "Comment faire progresser votre carrière" ou "Comment éviter d'être licencié" ?

Chaque jour, le deuxième titre se vendra mieux. Et pourquoi ? Parce qu'il aborde la peur de perdre.

Vous trouverez ci-dessous un modèle en 12 étapes pour rédiger des lettres publicitaires faciles à lire.

Essayez d'attirer l'attention :
Une fois que le lecteur a ouvert votre enveloppe, la prochaine étape importante consiste à attirer son attention. L'en-tête est la chose la plus importante à laquelle votre lecteur prête attention. Les gens ont une durée d'attention

très limitée et jettent généralement leur courrier à la poubelle, à moins que le titre ne leur saute aux yeux.

Vous trouverez ci-dessous trois exemples de modèles de titres qui ont fait leurs preuves en matière de concentration.

INSTRUCTIONS _______________________

LES SECRETS ESSENTIELS DE _______________ENTHÜLLT!

AVERTISSEMENT : NE VOUS AVENTUREZ PAS SUR __________ AVANT D'AVOIR _______________.

Identifiez le problème du lecteur : maintenant que le lecteur vous a accordé toute son attention, vous devez vous occuper directement de la zone problématique. Essayez de vous mettre à la place du lecteur.

Une autre méthode consiste à déclencher le problème. Vous décrivez le problème et le dramatisez afin que la personne ressente réellement la douleur et l'angoisse de sa situation. L'être humain est un animal d'habitudes si robuste qu'il ne prend guère la peine de changer ses habitudes, à moins de ressentir une grande douleur. En effet, les entreprises ne sont pas diversifiées. La plupart des entreprises font la même chose jusqu'à ce que cela devienne si grave qu'elles doivent changer quelque chose.

Proposez la solution au problème : Après avoir identifié le problème du lecteur, vous devenez son "sauveur" en lui proposant la solution à ce problème. Vous présentez votre produit ou service et lui montrez comment tous ses problèmes disparaîtront dès qu'il recevra votre produit/service.

Présentez vos qualifications au prospect : Si vous vous contentez de dire au lecteur que vous pouvez rendre sa vie plus confortable et plus pratique, il ne sera pas tenté d'acheter vos produits. Vous devez établir la confiance et démontrer votre crédibilité. Vous pouvez le faire de la manière suivante :

o Liste d'études de cas et d'exemples réussis

o Citez des entreprises (ou des personnes) renommées avec lesquelles vous avez fait des affaires.

o Mention de votre expérience professionnelle

o Montrez les prix et récompenses importants que vous avez remportés

Montrez les avantages de vos produits : Vous devez maintenant dire au lecteur comment il va personnellement bénéficier de votre produit ou service. Ne mentionnez pas seulement les caractéristiques. Personne n'est intéressé uniquement par les caractéristiques. Ce que vous pouvez faire à la place, c'est de dessiner deux colonnes. Dans l'une des colonnes, vous pouvez écrire les caractéristiques et dans l'autre, tous les avantages imaginables que le lecteur peut obtenir grâce à la caractéristique. Vous pouvez également utiliser des puces pour chaque avantage afin de rendre la navigation plus conviviale.

Donnez des preuves sociales : après avoir présenté tous vos avantages, vous devez maintenant renforcer votre crédibilité et la confiance de vos lecteurs avec des témoignages de clients satisfaits.

Les témoignages sont des outils de vente influents qui prouvent que vos affirmations sont vraies. Une autre façon de rendre votre témoignage encore plus influent est d'inclure des photos de vos clients avec leurs noms, adresses et numéros de téléphone. La plupart des lecteurs n'appelleront pas pour le savoir. Mais si vous incluez les numéros, cela vous donnera plus de crédibilité.

Faites votre offre finale : Votre offre est l'élément le plus important de votre lettre de vente. Si votre offre est géniale, elle sera irrésistible même avec un texte de vente médiocre.

Votre offre peut être conçue de nombreuses façons différentes. Les meilleures offres sont généralement un mélange attractif de prix, de conditions et de cadeaux gratuits. Il est toujours plus lucratif d'enrichir votre offre avec toujours plus de

de l'entreprise, plutôt que de simplement réduire le prix.

Faites une promesse ou une garantie : vous pouvez rendre votre offre encore plus attrayante en supprimant le facteur de risque de l'offre. N'oubliez pas que les gens ont une peur intégrée que les marketeurs cherchent à les arnaquer.

Donnez une garantie très solide, mais seulement si vous avez suffisamment confiance en votre produit ou service. Si vous donnez une garantie et que vous ne la respectez pas par la suite, votre crédibilité sera ébranlée. Soyez donc prudent. Si votre produit ou service est suffisamment bon, très peu de personnes auront réellement besoin d'un remboursement.

Introduisez des éléments de rareté : La plupart des gens prennent beaucoup de temps pour répondre aux offres, même si elles sont alléchantes. Il peut y avoir de nombreuses raisons à cela, par exemple

o Vous ne ressentez pas suffisamment de malaise pour changer les choses.

o Ils sont trop occupés et finissent par l'oublier.

o Vous ne pensez pas que la valeur perçue justifie le prix demandé.

o Ils sont tout simplement paresseux.

Pour inciter les gens à agir, vous devez ajouter des incitations à l'offre. Vous pouvez créer un sentiment de rareté en informant le lecteur que soit l'offre, soit la quantité est limitée. Vous pouvez également mentionner que votre offre n'est valable que pendant une période limitée.

Votre offre pourrait être formulée ainsi :
"Si vous achetez avant le (date), vous recevrez toute une série de cadeaux gratuits".
"Notre offre est limitée à 60 unités (produit ou service) et vous les recevez selon le principe du "premier arrivé, premier servi". Une fois qu'ils sont épuisés, il n'y en a plus de disponibles".
"Ce prix n'est valable que pour les 15 prochains jours".

Mais une fois que vous avez fait une telle offre, vous ne pouvez pas revenir en arrière et prolonger encore et encore le dernier rendez-vous. Cela fera perdre à vos clients leur confiance en vous.

Inviter à l'action : Ne supposez pas que votre lecteur sait ce qu'il doit faire pour profiter de votre offre. Vous devez le guider soigneusement pour qu'il puisse passer commande dans un langage très compréhensible et concis. Dites-lui s'il doit vous appeler, vous envoyer un fax ou cliquer sur le bouton de commande sur votre site web.

Émettez un avertissement :

Une bonne lettre publicitaire doit continuer à susciter des émotions après l'appel à l'action.

Vous pouvez utiliser la stratégie du "risque de perte" pour faire savoir au lecteur ce qui se passerait s'il n'utilisait pas votre offre existante. Exemple :

Battez-vous pour toujours :

o Perdez la chance de recevoir tous vos précieux goodies.

o Aucune amélioration de la vie.

o Voyez comment vos concurrents en profitent et progressent dans la vie.

Essayez de donner au lecteur une image triste de la punition qui l'attend s'il ne prend pas de mesures maintenant. Faites-lui prendre conscience de tout ce qu'il rate en ce moment.

Concluez avec un rappel approprié

Vous devriez toujours inclure un post-scriptum (P.S.). Dans ce post-scriptum, vous pouvez rappeler à vos clients votre offre alléchante. Si vous avez parlé de pénurie dans votre lettre de vente, insérez votre invitation à agir, puis rappelez l'offre limitée dans le temps (ou en quantité).

Grâce à cette formule en 12 étapes, tout le monde peut rédiger une lettre de motivation efficace et vendeuse. Vous trouverez ci-dessous quelques conseils supplémentaires qui vous aideront à rédiger une lettre commerciale encore plus efficace :

Conseil n°1 : mentionnez toujours les caractéristiques/avantages - Le plus grand obstacle à la rédaction d'une lettre de vente brillante est de commencer simplement. Prenez un stylo et du papier et listez toutes les caractéristiques de votre produit ou service. Prenez ensuite une autre feuille de papier et listez les avantages qui peuvent découler de votre produit ou service.

Conseil n° 2 : lorsque vous avez fini de rédiger votre lettre, oubliez-la pendant un jour ou deux.
Cela vous permettra d'être plus pratique dans la rédaction de votre lettre.

Astuce 3 : Créez un "classeur" pour stimuler votre créativité. Si vous voyez une annonce ou une lettre publicitaire bien faite sur un site Web, ou si vous recevez une lettre vraiment efficace par courrier ou par e-mail, conservez-la dans un fichier ou un dossier auquel vous pourrez toujours vous référer. Comparez toujours les idées.

Conseil n° 4 : créez un profil client avant de rédiger votre lettre publicitaire .
Utilisez une feuille sur laquelle vous notez tout ce que vous savez sur votre client cible.

Conseil n° 5 : gardez votre lettre de motivation aussi longue qu'elle doit l'être. Vous pouvez en faire un court article de 2 pages ou un e-book de 50 pages. L'objectif essentiel des deux est de susciter des émotions et d'inciter à l'action.

À QUELLES QUESTIONS FON-DAMENTALES VOTRE LETTRE DE VENTE DOIT-ELLE RÉPONDRE ?

Qui sont vos clients potentiels ?

Avant de rédiger votre lettre publicitaire, vous devez cibler votre groupe de clients. Vous devez savoir à qui vous voulez vendre votre produit ou service. Si vous proposiez un club de golf conçu pour la pratique du golf, vous ne le commercialiseriez pas auprès des hommes en général. Vous le personnaliseriez pour les personnes qui jouent au golf. Vous devez être très spécifique.

En quoi votre produit ou service se distingue-t-il des autres ?

En quoi votre produit se distingue-t-il de celui de vos concurrents ? Avez-vous réalisé une étude comparative ? S'il y a quelque chose d'unique dans votre produit, montrez-le aux lecteurs.

Pourquoi le prospect devrait-il avoir la foi avoir ?

Avec toutes les arnaques et les fausses informations diffusées dans les publicités, le scepticisme s'installe très vite. Vous devez donc faire en sorte que votre prospect prenne ce que vous lui dites pour une vérité indiscutable. Construisez votre crédibilité en proposant des statistiques et des témoignages.

Quels sont les avantages que votre produit ou service offre au consommateur ?

Énumérez tous les avantages visibles et moins visibles qui rendent votre produit irrésistible.

Pourquoi votre prospect pourrait-il refuser votre offre ?

Mettez-vous à la place de votre acheteur potentiel. De cette manière, vous saurez quelles sont les réserves ou les objections qu'il pourrait avoir. Une fois que vous les connaissez, travaillez dessus et résolvez les questions.

Pourquoi votre prospect devrait-il agir maintenant ?

La question finale à laquelle vous devez répondre à votre prospect est pourquoi il doit agir sans plus attendre. Donnez-lui une vraie raison d'agir immédiatement. Faites-lui un prix spécial s'il agit dans les prochains jours. Ou dites-lui que les quantités sont limitées et que, dès que le stock sera épuisé, vous ne vendrez pas au même prix. Assurez-vous simplement que votre appel est crédible.

L'ESTHÉTIQUE EST-ELLE IMPORTANTE POUR VOTRE LETTRE PUBLICITAIRE ?

L'apparence est-elle importante pour vous ? Comme la plupart des gens - y compris vos clients et prospects - votre réponse est "oui". L'apparence est particulièrement importante dans la vente. Dans une situation de concurrence, par exemple, toutes choses égales par ailleurs, l'apparence du vendeur peut être déterminante pour savoir qui conclura l'affaire.

L'apparence est également cruciale pour le succès de votre lettre publicitaire.

Le marketeur qui dispose d'une liste de diffusion très ciblée, d'une offre forte et d'un texte réussi - et celui qui fait attention à l'aspect de sa lettre - recevra certainement plus d'offres que celui qui se concentre uniquement sur le contenu, sans prêter attention à l'esthétique. Plus il est mémorable, mieux c'est.

Conseils pour qu'une lettre publicitaire soit bien présentée :
Conseil n°1 : utilisez toujours une police de caractères facile à lire. Presque tous les journaux et magazines d'information utilisent généralement des polices avec empattement pour leur contenu éditorial. Des polices comme Times New Roman, Courier et Century sont bien plus lisibles que des polices comme Arial ou Helvetica.

Conseil n° 2 : rendez votre titre accrocheur. De plus, limitez votre paragraphe d'introduction à une ou trois lignes.

Conseil 3 : Essayez de limiter la longueur de tous les paragraphes à 4 ou 6 lignes. Votre lettre doit avoir un aspect accueillant et agréable à lire. Votre prospect ne sera certainement pas ravi de voir des paragraphes maladroits de 9 à 11 phrases.

Conseil n°4 : variez la longueur de vos talons pour éviter qu'ils ne deviennent trop ennuyeux.

Conseil n° 5 : composez le texte de votre lettre en 10-11 points et utilisez des sous-titres, des pucés et d'autres outils pour attirer l'attention. Pensez toujours au public pour lequel vous écrivez. Si vous écrivez pour le groupe cible des jeunes de 20 ans, vous pouvez même très probablement utiliser une police de 10 points. En revanche, si vous vous adressez au marché "adulte", vous devriez utiliser une police de 14 points. Les sous-titres centrés et mis en évidence ainsi que d'autres éléments qui attirent l'attention peuvent augmenter le lectorat.

Les intertitres, les listes à puces, les mises en évidence et autres outils ajoutent de l'attrait à votre lettre et augmentent sa résonance. Veillez toutefois à utiliser ces outils avec précaution. Une utilisation excessive peut réduire à néant leur impact global.

En suivant ces 5 conseils, vous attirerez plus de regards, vous augmenterez le temps de lecture, vous générerez plus de leads et, au final, vous conclurez plus de ventes.

N'oubliez jamais que votre lettre est en concurrence avec peut-être des dizaines d'autres lettres publicitaires que vous recevez chaque jour et qui sont envoyées par des vendeurs en quête d'attention. Pour sortir du lot, votre lettre de motivation doit être excellente, variée, compétente et pertinente.

DES PHRASES COURTES ET PUISSANTES AMÉLIORENT-ELLES L'IMPACT DE VOTRE LETTRE PUBLICITAIRE ?

Un slogan est un "substantif, généralement répété et convaincant, qui représente une phrase, un slogan ou un jingle facile à retenir et qui exprime un objectif ou un concept particulier. Un concept qui doit s'imprimer dans l'esprit des auditeurs comme de la colle sur du papier".

Qu'est-ce qui rend un slogan inoubliable ? Le premier aspect à prendre en compte est la concision - généralement 10 mots ou moins. Le slogan doit suivre un certain rythme.

Deuxièmement, quels sont les avantages de l'utilisation de slogans ? Comme nous l'avons déjà mentionné, la brièveté répond aux exigences de l'instantanéité actuelle. Les slogans permettent également de manipuler les décisions, de convaincre et d'inspirer confiance. Un slogan permet généralement aux prospects de se souvenir plus facilement d'un produit ou d'un service et de l'identifier.

Des phrases simples et puissantes motivent les sentiments de vos clients et créent une décision émotionnelle d'acheter chez vous. Vous pouvez augmenter vos ventes en utilisant des formules puissantes dans vos courriers publicitaires.

Une formulation forte aide votre client à imaginer ce qu'il ressentira lorsqu'il possédera votre produit ou utilisera votre service. Elle crée un sentiment imaginaire et motive votre client à transformer ce sentiment en réalité. Les expressions fortes augmentent le désir du client pour votre produit ou service et conduisent à une décision d'achat émotionnelle.

La création d'une Power Phrase est simple. Commencez par énumérer quelques-uns des principaux avantages que vos clients obtiennent lorsqu'ils décident d'acheter chez vous. Ensuite, ajoutez quelques mots d'action expressifs sur un ou plusieurs de ces avantages pour former une courte phrase.

Vous trouverez ci-dessous quelques exemples de power phrases utilisées par différents types d'entreprises :
"Rapide ! Simple ! Abordable !"
"Je vous assure que vous obtiendrez des résultats immédiats avec mon produit".

Observez les mots utilisés dans les deux expressions de force ci-dessus. Les expressions fortes utilisent des mots efficaces pour faire des déclarations percutantes.

Les expressions puissantes les plus efficaces combinent généralement 3 mots ou 3 groupes de mots en une seule série. Prenez par exemple

"Gagner du temps. Économiser de l'argent. Évite les ennuis".

"Rapide ! Simple ! Abordable !"

"Profitez-en à la maison, au bureau ou en voiture".

"Autorité, performance et dynamisme !"

Il existe cinq grands types de slogans :

o **Une caractéristique** : une particularité ou une différence entre une substance, un produit ou un objet. Exemple : "Écrivez un livre électronique en 10 jours".

o **Un bénéfice** : un résultat que quelqu'un obtient. "N'oubliez pas que cela vous fera gagner [du temps ou de l'argent]".

o **Une question :** des pistes de réflexion. "Comment aimeriez-vous gagner de l'argent sans avoir à investir un seul centime ?"

o **Un défi** : une épreuve de courage. Exemple : Les Marines - "Nous cherchons juste des hommes extraordinaires".

o **Une structure** : une conception qui peut être assemblée dans un but précis.

Il existe sept façons de rendre un slogan mémorable :

o Faites durer le plaisir

o Être arrogant

o Auto-référencement

o Imagé, ludique ou humoristique

o Inspirant ou motivant

o Créer des souvenirs douloureux

o Utilisation d'un langage dramatique

Les slogans de vie contribuent à renforcer les objectifs et les rêves, voire à changer les croyances. Dans le monde des affaires, les slogans sont généralement utilisés pour se présenter, pour les présentations, sur les sites web, dans les signatures d'e-mails et même lors de conférences. Faites preuve d'imagination, utilisez un slogan dans chacun de vos processus de vente et de marketing et modifiez-le régulièrement si nécessaire.

Par où commencez-vous à développer des slogans ? Relisez toutes vos notes ou documents. Mettez l'accent sur les phrases qui contiennent beaucoup d'énergie. Les rimes aident à créer d'excellents slogans. Lisez des poèmes pour trouver des indices ou un langage qui vous influencent ou vous inspirent.

POURQUOI CERTAINS COUR-RIERS PUBLICITAIRES SONT MAL REÇUS

Tout conseiller peut vous dire qu'il existe de nombreuses méthodes pour perdre une vente, même si vous êtes sûr de la remporter. La plupart du temps, l'échappatoire se trouve dans la lettre de vente elle-même. La plupart des vendeurs bavent lorsque les clients demandent des offres. Après tout, il est excitant de présenter ses produits à un client potentiel, de le convaincre, puis de conclure le contrat. Mais il n'est pas si facile de créer une offre impressionnante, et le processus demande beaucoup de temps et d'énergie.

Vous trouverez ci-dessous quelques-unes des raisons pour lesquelles une lettre de vente perd du chiffre d'affaires et comment éviter cela.

1. Ne jouez pas les administrateurs solitaires

Certains font des recherches approfondies sur le client et le projet et pensent que c'est plus que suffisant. Puis ils s'assoient et rédigent leur proposition en s'isolant. C'est une grave erreur. Vous ne pouvez pas simplement créer une proposition si le client n'est pas activement impliqué dans chaque phase du processus de proposition, y compris la recherche, les objectifs, les avantages potentiels, la portée, l'approche et ainsi de suite.

2. Ne commencez pas avec vos qualifications

Ne commencez pas votre offre par la grande histoire de votre entreprise. Vos clients sont intéressés par ce que vous pouvez réellement faire pour eux. Commencez votre premier paragraphe par le programme et non par la façon dont vous êtes formidable.

3. Ne négligez pas le synopsis exécutif

De nombreux décideurs sont gênés par deux choses en particulier : le résumé et le prix. Pourtant, il est surprenant que certains vendeurs n'incluent pas de résumé dans leurs lettres de vente. Les décideurs s'appuient sur le résumé pour s'assurer que vous comprenez ce qu'ils essaient d'obtenir. Si vous omettez le résumé, vous pouvez être sûr que votre lettre finira à la poubelle.

4. Ne vous concentrez pas uniquement sur vos outils

Les clients ne s'intéressent qu'au résultat, pas aux outils, méthodes et approches que vous utilisez pour atteindre ce résultat. Ne leur parlez pas de la manière dont vous allez faire ceci ou cela. Dites-leur ce que vous pouvez faire et à quelle vitesse. Le "comment" pourra être discuté plus tard, lorsque vous aurez décroché le projet.

5. En bref

Des études montrent que les clients, lorsqu'ils ont le choix, sont plus susceptibles d'envisager une offre plus courte que de se perdre dans une longue lettre de vente pleine de vent, de graphiques et de formules standard. Gardez vos offres aussi courtes que possible, mais veillez à répondre aux besoins de vos clients.

6. N'utilisez pas le même CV

Chaque situation est, dans une certaine mesure, différente d'une autre. Vous ne pouvez donc pas présenter le même CV à tout le monde. Préparez différents modèles. Adaptez votre CV à chaque client. Faites en sorte que les clients sachent quelles sont vos différentes expériences.

7. Ne surchargez pas votre offre avec Jargon

La plupart des lettres publicitaires sont remplies de jargon et de mots à consonance technique. Un tel langage fleuri peut convenir aux manuels scolaires, mais il décourage généralement le client. Essayez d'utiliser un langage simple et informatif.

8. Ne pas couper et coller

Pour gagner du temps, certaines entreprises croient au syndrome du "couper-coller". Et quel est le résultat ? Le client reçoit l'offre d'une entreprise avec le nom et l'adresse d'une autre, ou inversement. Relisez attentivement votre lettre de motivation avant de l'envoyer au client ou de la mettre en ligne sur votre site Web. Épargnez-vous l'embarras.

9. Être à l'heure

N'essayez pas de bluffer vos clients. Si vous avez dépassé la date limite de soumission de la proposition de vente, soyez honnête et demandez un délai supplémentaire. N'essayez pas d'inventer des excuses absurdes.

Une proposition brillante peut être déterminante pour l'obtention d'un projet ; une mauvaise proposition peut vous faire échouer, même si d'autres éléments du processus de vente se sont parfaitement déroulés. Essayez donc d'éviter les erreurs de base mentionnées ci-dessus.

QUELLES SONT LES ERREURS FATALES DANS LES LETTRES DE VENTE ?

Si vous voulez réussir, le prospect doit ouvrir votre lettre publicitaire, la lire, y croire et y réagir. Pour cela, il doit susciter de l'intérêt et créer un désir pour votre produit ou service.

Un courrier publicitaire réussi doit obtenir le même résultat qu'un vendeur réussi. Tout comme un vendeur, le courrier publicitaire voudra éviter certaines erreurs.

Voici quelques erreurs fatales que commettent la plupart des courriers publicitaires.

Lethal Sales Letter Erreur # 1 - N'essayez pas d'utiliser des mailers de masse. Vous envoyez votre lettre promotionnelle en masse. Mais le destinataire n'appréciera pas ce fait. Dès l'instant où il verra qu'il s'agit de l'un de ces courriers de masse, il le supprimera.

Si vous rédigez votre lettre avec une mentalité de "troupeau" au lieu de vous concentrer sur un seul prospect individuel, cela nuit aux chances que votre lettre établisse un véritable lien avec le lecteur.

Une lettre publicitaire est le seul outil de marketing qui fonctionne de personne à personne. Personnalisez-la donc au maximum.

Erreur fatale n° 2 - N'écrivez pas de longues lettres ennuyeuses. Selon vous, qu'est-ce qu'une longue lettre ? Même une lettre d'une page peut sembler longue. En effet, ce n'est pas la longueur qui est longue, mais le contenu de la lettre.

Les gens regardent de longs films, lisent de longs livres, etc. Mais seulement s'ils sont intéressants. Si vous êtes toujours ennuyeux, il y a de fortes chances que vous finissiez dans la prochaine poubelle.

Proposez un produit ou un service adapté à un prix raisonnable et présentez-le de manière intéressante. La moitié de la bataille est gagnée.

Erreur fatale n° 3 - Ne vous en tenez pas uniquement à un allemand grammaticalement correct et formel. A l'école, vos enseignants et professeurs étaient payés pour corriger vos copies selon les règles formelles de la grammaire. Mais dans la réalité, c'est un tout autre jeu.

Vous devez rédiger votre lettre dans un langage "ordinaire" et informel afin de la rendre plus conviviale. Il se peut que vous deviez enfreindre certaines règles de grammaire. Vous devrez peut-être commencer vos phrases par "et" ou "mais". Il se peut que vous deviez utiliser des abréviations et des fragments de mots. L'objectif principal d'une lettre publicitaire n'est pas d'obtenir la note 1, mais de générer des ventes.

Erreur fatale n° 4 : ne donnez pas d'excuse au lecteur pour ne pas lire votre lettre. En réalité, personne ne se soucie de savoir qui vous êtes ou quel produit ou service vous proposez.

La seule chose qui les intéresse est de savoir comment ils peuvent tirer profit de vous.

Vous devez donc attirer l'attention dans les 20 premières secondes, voire moins. Commencez par une phrase ou un slogan provocateur. Essayez de faire appel aux émotions. Votre objectif doit être d'attirer l'attention du client potentiel.

Erreur fatale de la lettre de vente n° 5 : vous ne présentez pas correctement vos références.

Les preuves que vous fournissez dans votre lettre de motivation pour étayer votre pedigree peuvent prendre des formes très différentes. Par exemple

Incluez des témoignages de personnes qui ont utilisé et bénéficié de votre produit ou service. Insérez-les sous forme d'histoires. Pour rendre vos témoignages encore plus parlants, insérez des photos de vos clients avec leurs noms, adresses et numéros de téléphone. La plupart des lecteurs n'appelleront pas pour le savoir. Mais si vous donnez des chiffres, cela vous donnera plus de crédibilité.

QUELS SONT LES PIÈGES D'UNE APPROCHE "ET SI" ?

"Et si je vous montrais comment économiser de l'argent, même si vous ne réduisez pas vos dépenses quotidiennes ?"

"Et si je vous disais que vous pouvez augmenter votre part de marché en 3 mois" ?

"Et si je vous faisais perdre du poids en un rien de temps ?"

Mais que se passe-t-il si vous êtes un consommateur potentiel qui a déjà entendu ces "fausses" déclarations ? Pensez-vous que vous serez alors suffisamment motivé pour acheter ?

Les pratiques de vente schématiques sont rarement efficaces lorsqu'il s'agit de gérer la résistance des clients, et elles n'ont vraiment pas leur place dans le monde de la vente compétente.

La véritable méthode consiste à éliminer les résistances de vos clients potentiels dès le processus de vente. Cela signifie que vous posez les bonnes questions à un stade précoce et que vous adaptez votre produit ou service pour qu'il résolve le problème.

Il est vrai que de nombreuses personnes s'opposeront à l'achat de vos produits. La meilleure façon de sortir de cette situation est de s'enquérir de leurs besoins réels, d'essayer de mesurer leurs problèmes et de leur proposer un produit ou un service qui leur sera réellement utile. Et pour cela, vous devez leur consacrer beaucoup de temps.

Vous devez poser des questions de premier ordre qui incitent votre client à réfléchir. Cela peut paraître très simple, mais c'est en réalité très compliqué, car les questions sophistiquées sont difficiles à poser. De nombreux vendeurs considèrent ce type de questions comme personnelles et partent souvent du principe que leurs clients ne seront pas enthousiastes à l'idée d'y répondre.

Il est important de se rappeler que la plupart des gens posent des questions difficiles et, par conséquent, n'ont pas ou peu d'incertitude lorsqu'ils y répondent. Au contraire, cela améliorera votre position à leurs yeux.

Vous pouvez poser des questions telles que

o Quels sont vos objectifs à court terme ?

o Comment avez-vous l'intention d'atteindre ces objectifs ?

o Quelles sont les difficultés que vous rencontrez pour atteindre ces objectifs ?

Votre objectif fondamental dans cette conversation est de déterminer quel est le problème du prospect et comment vous et votre produit ou service pouvez le résoudre.

Ne fuyons pas la vérité. Les acheteurs d'aujourd'hui sont beaucoup plus compliqués que jamais et il est fort probable qu'ils aient déjà entendu tout ce que vous voulez dire. Et ils détestent les personnes qui utilisent des phrases clichées et traditionnelles ou des approches manipulatrices.

La plupart des gens expriment certaines objections concernant une décision d'achat. Ainsi, les ventes se concrétisent parce que votre client reconnaît la valeur de votre produit ou service ou parce que vous vous êtes révélé être un spécialiste capable de l'aider à résoudre un problème.

La question "et si je pouvais" n'est pas une avancée réussie. C'est un cliché qui ne fonctionne pratiquement plus de nos jours.

QUE FAIRE SI VOUS NE POU-VEZ TOUT SIMPLEMENT PAS ÉCRIRE UNE LETTRE DE VENTE ?

Vous voulez rédiger une lettre publicitaire, mais vous ne trouvez tout simplement pas les bons mots. Vous pensez, pensez, pensez, mais sans succès. Que faites-vous maintenant ?

C'est une situation vraiment agaçante qui peut nous arriver à tous, à tout moment. Mais il existe un bon moyen de faire circuler le jus créatif.

Poser des questions

Connaissez-vous vraiment votre produit ? Supposons que vous vendiez un tapis roulant. Vous devez vraiment savoir ce que cela fait de l'utiliser. Quand peut-on l'utiliser ? Quelles sont les restrictions et les effets secondaires ?

Lorsque vous connaissez et appréciez votre produit, vous ressentez le besoin d'en parler au monde entier. De faire son éloge. De l'aimer. De l'exposer.

Le premier obstacle est ainsi franchi. Maintenant que vous connaissez le produit et que vous en êtes tombé amoureux, vous pouvez le décrire.

Notez ensuite les raisons et la manière dont cela vous aidera, le cas échéant. Cela va-t-il me faciliter la vie ? Apporte-t-il une valeur ajoutée ? Est-ce que cela va résoudre un problème ? Est-il trop cher ? Est-il trop laid ? Et ainsi de suite.

Listez tout : le bon, le mauvais et même le laid.

Vous devez trouver la raison pour laquelle les gens vont acheter chez vous en premier lieu.

Qu'est-ce qui rend votre produit ou service si unique ? La meilleure façon de le faire est de faire un brainstorming.

Bientôt, vous serez assailli par tant d'opinions que vous ne pourrez plus suivre. Continuez simplement le processus jusqu'à ce que vous ayez épuisé toutes les idées.

Une fois que vous avez terminé, il ne vous reste plus qu'à jeter un coup d'œil à vos notes et à dresser la liste de toutes les idées spectaculaires que vous avez. Listez-les par ordre de priorité.

Vous avez maintenant le brouillon de votre lettre.

Utilisez la base la plus importante de la liste, la raison principale pour laquelle quelqu'un devrait acheter votre produit, et faites-en un titre merveilleux.

Intégrez les idées de la liste dans votre lettre et utilisez des intertitres ou des mises en évidence si vous souhaitez insister sur un point. Bientôt, votre lettre s'écrira presque toute seule.

Lorsque vous écrivez votre lettre, n'oubliez pas de l'adresser à une seule personne à la fois. Faites en sorte qu'elle soit spéciale !

LA DIFFÉRENCE ENTRE UNE LETTRE PUBLICITAIRE ET UNE ANNONCE PUBLICITAIRE

Les termes "annonce" et "lettre publicitaire" sont souvent confondus. Les deux servent à attirer de nouveaux clients ou à vendre un produit ou un service. Mais il existe des différences considérables dans la manière dont elles agissent.

Une lettre publicitaire est une forme de publicité plus personnalisée que n'importe quelle annonce. Une annonce dans un magazine ou un journal est perçue par des milliers, voire des millions de lecteurs. Une lettre publicitaire n'est destinée qu'aux yeux du lecteur. Même si les lettres publicitaires sont souvent imprimées en grandes quantités, le lecteur perçoit le courrier comme plus personnel qu'une annonce dans un journal ou un magazine.

Contrairement à une annonce, une lettre publicitaire est plus personnelle, informelle et chaleureuse. Cela permet d'adopter un ton décontracté et naturel. De cette manière, le lecteur se rend mieux compte du caractère, de l'intérêt et du sérieux du rédacteur.

L'ATTENTION EST ESSENTIELLE

Pour tout marketeur, l'attention est un bien précieux. Étant donné que les consommateurs sont bombardés de milliers de courriers publicitaires chaque jour, le défi de savoir comment faire ressortir son message de la masse est encore plus grand.

Tout courrier publicitaire réussi doit réaliser deux choses :

1. Il doit inciter le prospect à lire l'intégralité de la lettre.

2. Il doit inciter le prospect à effectuer l'action souhaitée.

Si le marketeur n'a pas atteint l'étape 1, l'étape 2 est impossible.

De nombreux marketeurs essaient de rendre l'enveloppe très attractive. Ils savent que leur bataille est à moitié gagnée s'ils parviennent à convaincre le prospect d'ouvrir la lettre.

Pour les spécialistes du marketing en ligne, il n'y a pas de perspective d'enveloppe. Certains webmasters créent des images Flash pour attirer les lecteurs.

Conseils pour attirer l'attention :

1. De nombreux tests ont montré qu'un titre ROUGE est plus facilement perçu que n'importe quelle autre couleur de police. La couleur rouge est souvent associée au danger, mais elle signifie aussi : "C'est important. Lisez-moi !"

2. Supprimez de la page tout ce qui ne soutient pas le message de vente ou qui en détourne l'attention. Cela inclut la plupart des graphiques animés et des couleurs intenses pour l'arrière-plan de la page, qui entrent en concurrence avec le texte au premier plan. Rien ne s'oppose à une simple écriture noire sur un fond blanc. Si vous pouvez limiter le nombre de couleurs utilisées à trois ou moins, cela contribuera également à rendre le document plus facile à lire.

3. Ne rendez pas le texte trop large, car il deviendrait monotone de lire d'une ligne à l'autre, car trop de mouvements de la tête et des yeux seraient nécessaires.

4. Le titre doit être accrocheur et intéressant et doit attirer immédiatement l'attention du lecteur.

5. Le format et la présentation de la lettre de motivation doivent être attrayants. Des mises en évidence appropriées, des caractères gras, des puces et des intertitres rendent la lettre facile à lire.

6. Rendez la lettre très accueillante et attrayante.

7. La lettre doit inciter l'internaute à poursuivre sa lecture. Vous devez inciter le prospect à poursuivre sa lecture.

8. Soyez EXCLUSIF. Si toutes les lettres publicitaires de votre secteur se ressemblent et se

lisent de la même façon, pourquoi un prospect lirait-il la vôtre ? Vous pouvez utiliser des mascottes, de l'humour, des dessins animés, etc.

9. Concentrez votre message sur le lecteur, pas sur votre entreprise ou votre produit. C'est l'une des principales erreurs des grandes entreprises, qui pensent que tout le monde devrait savoir à quel point leur entreprise est formidable. Mais votre client potentiel est essentiellement animé par des désirs égoïstes. Il doit savoir ce qu'il en retirera.

UNE LEÇON RAPIDE SUR LA RÉDACTION DE LETTRES DE VENTE DE MANIÈRE CLAIRE ET CONCISE

Quel type de lettre publicitaire est lu ? Quel type de lettre de vente favorise les ventes ? Quel type de lettre publicitaire maintient l'intérêt du lecteur jusqu'au dernier mot ?

Je dirais que cela a un rapport avec le "ton de conversation" de la lettre publicitaire. Vous avez l'impression d'être chez un bon ami qui vous donne des conseils tout en buvant une boisson rafraîchissante et en mangeant des snacks. Vous êtes détendu et à l'aise.

Alors, comment créer un ton bavard ?

1) Utilisez des phrases concises. Lorsque vous parlez à un ami, utilisez des phrases courtes. Vous n'utilisez pas de phrases longues, tortueuses et difficiles, remplies de jargon.

2) Utilisez des images verbales descriptives. Utilisez des mots qui font naître une image dans votre esprit. Décrivez cette image de manière approfondie. Créez une image.

3) Écrivez ce qui vous vient du cœur. Éditez-vous lorsque vous parlez à votre ami ? Rarement. Continuez à écrire ce qui vous vient à l'esprit.

4) Parlez à votre client potentiel dans sa propre langue. Mentionnez des éléments auxquels il peut s'identifier et qui ne relèvent pas du jargon professionnel.

Essayez-le et voyez le changement.

Quelques conseils pour améliorer la mise en forme de votre lettre publicitaire

1. Le titre doit être accrocheur et se trouver au sommet de la page pour que le lecteur puisse le lire sans avoir à faire défiler la page.

2. La meilleure couleur pour le titre est le ROUGE.

3. Insérez votre nom en haut de la page et avant le "texte de vente" ainsi qu'à la fin du "texte de vente".

4. Scannez et collez votre véritable signature.

5. Utilisez des sous-titres.

6. Les sous-titres doivent être de la même couleur que le titre principal, à savoir ROUGE.

7. Attirez l'attention sur vos témoignages en les inscrivant dans des encadrés séparés. Vous pouvez également utiliser une couleur différente pour les encadrés.

8. Un bon témoignage doit indiquer précisément ce que le client satisfait a apprécié dans votre produit, votre service, etc. Mettez en avant ce que la personne a apprécié de particulier.

9. Essayez de ne pas mettre le prix en rouge, car le rouge signifie stop. C'est peut-être bon pour le titre, mais pas pour le prix.

10. Les bonus doivent être liés à votre offre.

11. Mettez en évidence les parties importantes de votre lettre de motivation.

12. Utilisez un mode de paiement qui jouit d'une certaine crédibilité et acceptation et, mieux encore, proposez plusieurs modes de paiement différents.

13. Tout comme sur le papier, les notes adhésives sur votre site web captent l'attention de vos visiteurs pendant quelques secondes. Faites en sorte que ces secondes travaillent pour vous.

14. Utilisez l'espace blanc pour rompre la confusion. Accordez une pause à l'œil.

15. La police et la couleur choisies doivent être lisibles et attrayantes.

16. Une lettre publicitaire doit toujours contenir une invitation à l'action. Indiquez comment votre prospect doit agir. Ne partez pas du principe qu'il le saura déjà.

QU'EST-CE QUI EST MIEUX - UNE LONGUE OU UNE COURTE LETTRE PUBLICITAIRE ?

Une lettre publicitaire longue génère-t-elle plus de ventes qu'une lettre courte ? En fait, long ou court est relatif. L'objectif fondamental est d'être intéressant. Si la lettre publicitaire est intéressante, elle peut vendre votre produit ou service, qu'elle fasse une page ou 24 pages.

Il a été démontré qu'une lettre publicitaire longue et intéressante transforme toujours plus de prospects en clients qui achètent.

Pourquoi en est-il ainsi ? Une lettre publicitaire longue et intéressante donne au lecteur l'impression d'être avec un ami. Il suscite un sentiment d'attachement qui s'approfondit au fil de la lettre. Il lui parle comme s'il le connaissait et se souciait de lui. Il crée un lien.

Votre lettre doit s'identifier à vos clients potentiels et tenter de cerner leurs besoins réels. La lettre doit leur donner le sentiment que vous avez de l'empathie pour le lecteur et que vous reconnaissez son problème.

Il doit leur donner le sentiment que vous vous souciez vraiment d'eux.

Cela crée un sentiment de confiance. Le prospect a l'impression que vous comprenez certainement ses problèmes et attend avec impatience votre solution.

Votre lettre doit être personnalisée pour chaque prospect. Évitez la "mentalité de masse". La confiance est l'émotion la plus importante que vous devez gagner. Une fois que vos clients potentiels vous font confiance, ils n'achèteront pas seulement votre produit ou service, mais seront également heureux de le recommander à d'autres. Le bouche-à-oreille est un autre outil marketing précieux.

Utilisez donc des textes longs et intéressants pour votre lettre de motivation.

DEVEZ-VOUS TOUJOURS UTILISER UN FRANÇAIS CORRECT ?

De nombreux rédacteurs publicitaires pensent qu'ils doivent toujours utiliser une orthographe correcte et un allemand soigné lorsqu'ils rédigent des lettres publicitaires. Or, ce n'est pas toujours le cas. La rédaction publicitaire n'a que très peu de rapport avec "l'écriture correcte".

Seule une petite partie de l'ensemble de la lettre concerne la "rédaction proprement dite". Il s'agit essentiellement de la manière dont vous la formatez et dont vous présentez les informations à votre client potentiel.

Par exemple, vous pourriez : Que se passerait-il si je vous envoyais une lettre tapée à l'aide d'un traitement de texte obsolète et cassé, contenant toutes sortes de fautes grammaticales. Et la lettre dirait : "Derrière toutes ces fautes de frappe, je vous ai sélectionné dans une loterie pour vous faire gagner un million d'euros". Les erreurs et les fautes d'orthographe vous intéressent-elles ? Non, vous êtes maintenant sur un nuage de joie.

D'autre part, supposez que je tape une lettre parfaite sur le meilleur papier. Pas de fautes d'orthographe ou de grammaire. Je vaporise également un peu de parfum dessus. Mais au final, je fais de mon mieux pour vous vendre un vieux bâtiment délabré en périphérie. Cela vous intéresse-t-il maintenant ? Oh non.

Ce n'est pas la façon dont vous le formulez qui compte, mais ce que vous dites.

L'essentiel est qu'il peut y avoir des exceptions, mais la vérité reste que si vous vous concentrez sur la diffusion de vos offres avec une proposition vraiment irrésistible à des personnes qui ont déjà montré qu'elles étaient intéressées par des produits ou services similaires aux vôtres, vos chances de conclure sont bien plus élevées que si vous vous adressez uniquement à des personnes à moitié ou pas du tout intéressées par une lettre de vente parfaitement écrite.

UN MONSTRE D'UNE LETTRE PUBLICITAIRE

Dans la plupart des cas, les marketeurs produisent leurs propres monstres dans leurs lettres publicitaires (tout comme le Dr. Frankenstein).

Les lettres publicitaires fonctionnent mieux lorsque vous avez quelque chose à vendre. En fait, cela se résume à des réponses comme celles-ci : que pouvez-vous faire pour moi exactement ? Pourquoi pensez-vous que je devrais passer mon temps précieux à lire l'une de vos lettres ? Vite ... convainquez-moi que j'ai besoin du produit ou du service que vous me proposez.

Si vous voulez créer une meilleure lettre publicitaire, commencez par ne pas utiliser la mauvaise tête comme notre Dr Frankenstein, mais la bonne TETE.

La bonne tête peut faire ou défaire votre lettre publicitaire. Concentrez-vous fermement sur votre marché cible. Abordez un problème majeur auquel votre public cible est confronté (en supposant que vous ayez la réponse). Si vous pouvez y parvenir en jouant intelligemment sur les mots, faites-le ; mais si les jeux de mots ne sont pas votre tasse de thé, restez simple et facile à utiliser. Il n'y a pas de mesure parfaite pour la longueur d'un titre, mais n'abusez pas des mots. Limitez-vous à une phrase.

Une fois que vous avez captivé vos lecteurs avec votre titre, ne les laissez pas s'enfuir. Comme nous l'avons vu précédemment, le P.S. est l'une des parties les plus importantes de votre lettre. Ne gaspillez donc pas votre P.S. avec des mots inutiles.

Dites quelque chose qui incite votre lecteur à revenir au début de la lettre et à poursuivre sa lecture.

Le premier paragraphe est également très important, alors allez droit au but. Montrez-leur l'essence de votre offre. Faites-leur savoir quelle fortune ils vont faire, ou à quel point leur vie sera confortable, ou à quel point l'offre est pratique, et ainsi de suite.

Si vous parvenez à impliquer le lecteur et à susciter son intérêt grâce à votre premier paragraphe, laissez le reste de la lettre répondre aux questions de base et aborder les préoccupations générales que votre lecteur pourrait avoir. Puisque vous avez travaillé si dur, il serait dommage de le perdre à cause de problèmes techniques.

Remplissez le corps de votre lettre avec des avantages, pas seulement des caractéristiques. Vos avantages et vos caractéristiques doivent pouvoir répondre à toutes les questions du type "Et alors ?" et "Pourquoi vous ?

Parlez à votre groupe cible dans sa langue. Écrivez de manière informelle. Posez des questions et répondez-y. Rendez la lettre aussi claire et concise que possible. Utilisez l'humour autant que vous le souhaitez, mais veillez à ce qu'il ne soit pas raté. Les lecteurs ne doivent en aucun cas se méprendre sur vos intentions.

Tout le monde est très pressé par le temps. Mais que peut-on faire ? Il suffit d'atteindre le lecteur au milieu. Utilisez le gras et le surlignage pour mettre en évidence certaines informations. Cela attire l'attention du lecteur et l'incite à poursuivre sa lecture.

Maintenant, vous avez souligné à maintes reprises la qualité de votre produit et de vos services. Mais pourquoi devrait-on vous croire ? Et que faites-vous maintenant ? C'est très simple. Insérez quelques témoignages de clients satisfaits. Laissez-les dire à vos prospects à quel point vos produits ou services sont bons.

Les témoignages sont un outil de vente influent qui confirme la véracité de vos affirmations.

Une fois que vous avez répondu à tous les doutes et questions possibles, il est temps de vous montrer à nouveau sous votre meilleur jour. Passez en revue votre offre. Et si vous le pouvez, proposez une garantie de bonne exécution. En proposant une garantie, vous diminuez la méfiance associée à l'achat de votre produit ou service. Les consommateurs sont assez prudents, et c'est d'autant plus vrai lorsqu'ils achètent sur Internet. Et les garanties vous donnent une crédibilité presque immédiate auprès des clients potentiels. Les garanties augmentent la valeur perçue.

Une fois que vous avez terminé votre lettre, oubliez-la pendant un moment. Cela vous permettra d'être plus pratique lors de la révision de votre lettre.

Avant d'envoyer votre mailing, vous devez tester le marché. Adaptez-le en fonction de vos réactions. Suivez ensuite les réactions afin d'optimiser davantage à la fois la lettre et votre groupe cible.

Une lettre publicitaire ne répondra jamais à toutes vos attentes. Poursuivez vos autres efforts de marketing et n'oubliez pas de faire un suivi rapide de tous les leads générés par votre lettre publicitaire.

Composez-la avec soin et habileté. Une bonne lettre publicitaire oblige votre public à réagir positivement à votre égard.

Votre imprimeur peut vous aider à créer tactiquement une campagne d'impression variable qui tire parti de la personnalisation. Pour ce faire, vous devez reconnaître la valeur d'une bonne impression. Cela signifie que vous devez utiliser une bonne imprimante et du bon papier. Même si le coût réel de chaque publipostage est plus élevé, le meilleur rendement de chaque publipostage se traduit à tout moment par un meilleur retour sur investissement. En fin de compte, une bonne imprimante commerciale peut vous aider à atteindre facilement vos objectifs d'augmentation des ventes.

Établissez un budget raisonnable. Essayez de contrôler les coûts par d'autres moyens. Cependant, n'essayez pas d'utiliser du papier de mauvaise qualité et de l'encre de mauvaise qualité. Cela détériore l'impression du lecteur. En fait, ce qui compte, c'est le contenu de la lettre publicitaire et non le brillant extérieur. De même, un bon papier glacé et une encre brillante augmentent considérablement les chances de votre client potentiel de lire la lettre.

EST-IL VRAI QUE LES BONS COURRIERS PUBLICITAIRES SONT COMME LES BONS VENDEURS ?

Voyez par vous-même. Commencez par la comparer aux annonces publiées dans les journaux pour les vendeurs. Les qualités que les employeurs recherchent chez les vendeurs doivent également être recherchées dans une lettre de motivation.

1. Est-il auto-démarrant ?

Les meilleurs vendeurs n'ont besoin que d'un minimum d'instructions. Ils s'inspirent d'eux-mêmes. De la même manière, votre lettre de vente doit fonctionner par elle-même. Si vous voulez que votre prospect achète sur la base de la lettre, votre lettre doit contenir chaque avantage, caractéristique, promesse de vente, preuve et garantie nécessaires à la conclusion de la vente.

2. A-t-il une expérience antérieure ?

Les meilleurs vendeurs apprennent de leurs erreurs. Vos lettres publicitaires devraient faire de même. La lettre que vous allez envoyer doit être testée afin de vous assurer que votre liste, votre offre, votre présentation et votre timing sont optimaux.

3. Peut-il bien travailler sous pression ?

Votre prospect est occupé et déconcentré. Votre lettre sera très probablement reçue comme un dérangement. Veillez donc à ce que votre lettre attire la concentration de votre acheteur potentiel et contienne votre argument de vente.

4. Possède-t-il d'excellentes compétences en communication ?

Assurez-vous que vos lettres publicitaires sont simples et faciles à utiliser. Elles doivent s'exprimer dans le langage courant des gens.

5. Est-il énergique ?

Vos lettres publicitaires doivent être clairement vivantes.

6. Possède-t-il des compétences organisationnelles éprouvées ?

Une lettre publicitaire doit être organisée et structurée.

7. Est-il un joueur d'équipe ?

De temps en temps, votre lettre publicitaire n'est pas en mesure de fonctionner seule. Par exemple, si votre lettre de motivation vise à générer un lead et non une transaction, il est probable qu'elle doive travailler en collaboration avec d'autres acteurs, tels que les annonces imprimées, le marketing téléphonique, l'affichage, etc.

Vous devez veiller à ce que le contenu de la lettre de motivation soit équivalent à celui des autres outils marketing.

8. Possède-t-il d'excellentes compétences en matière de relations avec les clients ?

S'il est vrai que les lettres publicitaires sont des conversations à sens unique, vous pouvez les rédiger de manière à ce qu'elles ressemblent davantage à des conversations à double sens, non ? Plus vos lettres adoptent un ton chaleureux, humain et authentique, mieux c'est.

9. Seuls les candidats sérieux doivent postuler

Ne préparez et n'envoyez une lettre publicitaire que si vous proposez sérieusement une promesse et que vous avez l'intention de la tenir.

10. Comme un bon vendeur, une bonne lettre publicitaire doit toujours poser des questions fermées, car elles vous permettent d'obtenir des réponses spécifiques et de conclure la vente. Les questions fermées commencent par des verbes, par exemple "sont", "seront", "est", "ont", "ne sont pas", "n'ont pas" et "ne seront pas". On y répond par un "oui" ou un "non". Vous utilisez généralement cette technique lorsque vous souhaitez stimuler la conversation et obtenir des réponses précises qui vous permettront de conclure une affaire.

Vous pouvez également poser des questions plus spécifiques, telles que "Réalisez-vous que vous avez un problème ?", "Prendrez-vous cette décision dans deux semaines ?", "Aimez-vous mon produit ou mon service ?", "Voulez-vous commencer immédiatement ?" ou "Êtes-vous satisfait de votre fournisseur actuel ?". De telles questions forcent le prospect à prendre une décision.

Posez toujours des questions fermées sur un ton affectueux, amical et curieux. Soyez toujours bien élevé et amical. N'utilisez jamais la force ou l'exploitation. Cela ne fonctionne jamais. Au contraire, cela a un effet négatif sur votre cause. Vous perdez en crédibilité.

LES DIX RÈGLES DE BASE POUR ÉCRIRE UNE BONNE LETTRE PUBLICITAIRE

Pour de nombreuses petites entreprises, la lettre publicitaire est le seul outil de marketing. Vous n'avez peut-être pas de budget pour autre chose. Mais une lettre publicitaire soigneusement élaborée peut avoir un effet magique sur votre chiffre d'affaires et vos bénéfices. Suivez simplement quelques-unes des directives ci-dessous et vous verrez vos bénéfices grimper en flèche.

o **Vous devez toujours tenir compte des souhaits, des besoins et des aspirations de vos clients potentiels**. Mettez-vous à la place du client potentiel avant d'écrire une lettre publicitaire. N'oubliez pas qu'ils recherchent dans la lettre la question suivante : "Qu'est-ce que j'y gagne exactement ?" Dites-leur donc ce qu'ils y trouveront.

o **Évitez la mentalité de masse. Écrivez à des personnes spécifiques.** Écrivez à une personne réelle et vivante. Écrivez la lettre comme si vous écriviez à un seul ami et non à des milliers de personnes.

o **Les gens achètent des avantages et non des caractéristiques.** Vous devez commencer par distinguer les avantages des caractéristiques. La lettre publicitaire doit être capable d'inciter le lecteur à acheter vos produits en se basant sur les avantages que le produit/service offre, et non sur les caractéristiques. C'est l'avantage que les acheteurs achètent, et pas seulement la caractéristique en elle-même.

o **Captivez vos lecteurs dès la première ligne**. Vous devez à tout moment être en concurrence avec plusieurs courriers non sollicités. C'est pourquoi votre lettre doit être croustillante et accrocheuse. Le titre doit inciter le lecteur à lire la première ligne, la première ligne doit l'inciter à lire la deuxième ligne, et ainsi de suite.

o **Fournissez au lecteur des informations spécifiques et pertinentes.** Ne vous étendez pas indéfiniment sur un produit ou un service.

Ne tournez pas en rond. Citez des avantages concrets et dites en quoi la vie du lecteur est facilitée par les avantages proposés.

o **Votre lettre publicitaire doit vendre**. L'objectif fondamental de votre lettre publicitaire est de vendre, n'est-ce pas ? Elle doit vendre. Et pour vendre, elle doit être écrite sur un ton amusant. Parlez à votre client potentiel d'une manière claire et amicale. Abstenez-vous d'utiliser un langage ornemental et considérez les règles de grammaire de base comme facultatives.

o **Testez votre lettre de motivation**. Essayez de vous demander si, si quelqu'un vous écrivait la même lettre, vous seriez suffisamment convaincu pour y consacrer l'argent que vous avez durement gagné.

o **Faites en sorte que la lettre de motivation soit aussi longue que nécessaire**. Il n'y a rien de trop long ou de trop court. Le plus important est le facteur d'intérêt. La lettre publicitaire doit être intéressante et attrayante.

o **Portez une attention particulière à l'esthétique**. Utilisez des polices et des modèles faciles à utiliser qui rendent le document visuellement attrayant. Utilisez des puces et des surligneurs pour améliorer la clarté. Essayez de ne pas terminer une page, sauf la dernière, par une phrase complète. La plupart des journaux utilisent cette tactique. Si vous ne terminez pas la page par une phrase complète, le lecteur

naviguera automatiquement vers la page suivante pour la compléter.

○ **Dites exactement au lecteur ce qu'il doit
faire**. Que doit faire le lecteur ensuite ? Doit-il
envoyer une carte-réponse ? Ou doit-il passer
une commande ? Ou appeler pour plus d'informations ? Prendre un rendez-vous ? Informez-
le en conséquence. Ne supposez pas qu'il le sait
déjà. Il est étonnant de voir combien de lettres
publicitaires omettent d'informer le lecteur de
l'étape suivante. Ils partent du principe que le
lecteur est un lecteur d'esprit. Mais malheureu-
sement, ce n'est pas le cas.

CINQ SECRETS UTILES POUR UNE LETTRE PUBLICITAIRE EFFICACE

La différence entre une lettre de vente moyenne et une lettre de vente efficace est le résultat qu'elle obtient. Comme nous l'avons expliqué précédemment, il n'est pas trop difficile
d'écrire une lettre de vente valant des millions.
Il vous suffit de suivre quelques conseils et directives.

Voici cinq autres secrets d'initiés pour écrire une lettre de vente "tueuse".

1. Passez quelques heures chaque jour à passer en revue quelques-unes des lettres publicitaires les plus efficaces de tous les temps. Essayez d'en apprendre les subtilités. Essayez de voir comment ils utilisent l'en-tête et comment le paragraphe d'introduction est construit. Faites attention au style, à la structure, etc.

2. Vous devriez également rassembler toutes les meilleures lettres publicitaires que vous trouvez et en faire un carnet de notes. Ensuite, lorsque vous vous asseyez pour écrire une lettre publicitaire, vous pouvez feuilleter votre carnet de lettres publicitaires pour trouver des idées pour votre projet. Ne copiez pas ces lettres. Cela serait considéré comme du plagiat. Retirez seulement les idées de base et insérez-les dans vos propres mots.

3. Faites des recherches sur vos cibles potentielles jusqu'à ce que vous sachiez tout d'elles. Vous devez connaître leurs désirs, leurs aspirations, leurs rêves et leurs aspirations. Vous devez savoir ce qui les motive et ce qui ne les motive pas. Si vous savez cela, il vous sera beaucoup plus facile d'écrire une lettre publicitaire

qui aura un impact positif sur eux. Vos lettres doivent être personnalisées.

4. Apprenez à vous détendre après avoir enquêté sur votre client potentiel. Une fois que vous avez terminé vos recherches sur le client, oubliez tout cela pendant un jour ou deux. Vous pourrez ainsi être plus pratique lorsque vous rédigerez votre lettre.

5. Il n'y a qu'une seule façon de savoir si une lettre publicitaire est réussie ou non. Il doit être soumis à un test. Vous devez l'envoyer à un certain nombre de vos clients potentiels pour voir si elle progresse

fait ou ne fait pas. Si c'est le cas, c'est formidable, sinon, vous devez repartir de zéro et faire appel à votre bon sens.

LES LETTRES PUBLICITAIRES CHARGÉES D'ÉMOTION AUGMENTENT-ELLES LES VENTES ?

Vous êtes contrarié par le fait que votre courrier publicitaire ne soit pas bien reçu ? Vous ne savez plus comment augmenter les ventes de votre courrier publicitaire ?

Si la réponse aux questions ci-dessus est positive, je suggère que la solution à vos tristes résultats est contenue dans un seul mot, mais puissant : émotion. Comme vous l'avez peut-être déjà compris, les décisions d'achat sont prises sur la base des émotions. La lettre doit s'appuyer sur les sentiments du lecteur et le motiver à agir. La lettre doit essayer d'aborder les "boutons chauds" ou les points de pression émotionnels qui inciteront le lecteur à acheter. Les deux principaux facteurs de motivation sont la promesse d'un gain et la peur de perdre.

Alors, comment intégrer plus d'émotions dans vos lettres publicitaires et augmenter ainsi la capacité de vente de vos textes ? Voici quelques exemples.

1) Créez des moments "Ach" : essayez de vous mettre dans la tête du lecteur. Concentrez-vous sur le problème que rencontre le lecteur. Montrez-lui que ce problème le bloque, l'irrite, l'inquiète et l'empêche de répondre à ses véritables besoins. Vous devez remuer son problème apparent et le faire apparaître pire qu'il ne l'est en réalité.

2) Des histoires qui attirent l'attention : Les histoires sont extrêmement efficaces lorsqu'il s'agit d'aborder les émotions. Si vous voyez une catastrophe, vous vous sentirez misérable. Si vous regardez un film de science-fiction, il est presque certain que vous vous sentirez concerné.

Si vous regardez un film d'horreur, vous aurez peur. Insérez donc dans vos lettres des histoires qui créent l'attente de surmonter un obstacle, d'éviter des difficultés ou d'atteindre un objectif. Vous pouvez également inclure des histoires sur ce qui est arrivé à quelqu'un qui n'a pas essayé votre produit pour résoudre son problème. Ce type d'histoire génère la peur de la perte, qui est plus forte que le désir chez la plupart des gens.

à la recherche de bénéfices . Racontez une histoire sur une personne à laquelle vos lecteurs peuvent s'identifier sans problème.

3) Utilisez les émotions et non la logique : il est vrai que certains mots suscitent plus d'émotions que d'autres. Vous devez analyser votre marché cible et déterminer les mots clés auxquels vos prospects sont réellement sensibles. Il est important de noter que presque chaque mot contient une composante émotionnelle. Si votre offre est axée sur le profit, des mots et des phrases comme "argent", "devenir riche rapidement", "millions d'euros" et "gagner de l'argent à domicile" stimuleront vos lecteurs. Choisissez cinq ou six mots-clés qui suscitent les émotions souhaitées chez le lecteur et placez-les judicieusement dans le texte de vente afin de susciter une réaction émotionnelle.

Comme je l'ai déjà dit, il existe d'innombrables façons d'introduire des émotions dans votre lettre de motivation. Il existe une multitude d'émotions. Vous ne pouvez certainement pas faire passer toutes ces émotions dans votre lettre publicitaire. La plupart des lettres publicitaires visent une ou deux émotions principales et font ensuite appel à quelques autres. Plus vous pouvez inclure d'émotions dans votre texte, plus votre lettre sera convaincante.

Votre lettre de vente doit expliquer méthodiquement les avantages de votre produit ou service. Parallèlement, votre produit ou service doit résoudre un problème sur lequel vos clients potentiels sont tombés. En réalité, toute lettre de vente réussie doit répondre à un besoin réel.

La bonne lettre de motivation doit inspirer confiance dès le départ et raconter une histoire motivante tout au long du processus. Ce n'est pas la garantie d'une vente immédiate, mais le début d'une relation basée sur la confiance.

Bien sûr, vous devez utiliser les émotions de manière morale et raisonnable. Si vous envisagez de les utiliser, réfléchissez un moment et demandez-vous comment vous réagiriez si quelqu'un d'autre vous adressait ce type de communication. Cela vous aidera à décider de votre approche. Le marketing test à chaque étape est important pour écrire la lettre publicitaire "parfaite".

LES MOTS QUE VOUS NE DEVEZ JAMAIS UTILISER DANS UNE LETTRE PUBLICITAIRE

Il peut arriver que vous envoyiez autant d'offres de vente que vous le souhaitez, mais l'effet est nul. Savez-vous exactement pourquoi les gens ne veulent pas acheter votre produit ? Vous êtes-vous déjà demandé pourquoi vos concurrents réalisent plus de ventes alors qu'ils ont un produit misérable à proposer ?

Vous avez peut-être le sentiment que les gens ne sont tout simplement pas intéressés par l'achat de votre produit ou service. Vous avez peut-être aussi le sentiment que votre prix est trop élevé. Ou, pire encore, vous avez l'impression que votre produit ou service est inutile et vous décidez d'arrêter complètement ou peut-être de changer de secteur.

Ici, vous devez vous arrêter un moment et réfléchir. Le problème n'est-il peut-être pas lié à votre produit ? Parfois, c'est votre propre lettre de motivation qui s'avère être le principal coupable. Vous avez peut-être utilisé sans le savoir certains mots qui ont eu l'effet inverse sur votre prospect.

Quels sont exactement les mots mauvais ou méchants que vous ne devez surtout pas utiliser dans votre lettre publicitaire ?

1) **Acheter .** Ne demandez jamais aux gens de sortir leur porte-monnaie et de dépenser leurs euros durement gagnés. N'oubliez pas que la plupart des gens se méfient dès qu'ils voient ce mot. Quel que soit votre secteur d'activité, l'utilisation de ce mot peut anéantir votre

entreprise en un rien de temps. Au lieu d'utiliser le mot "acheter", changez-le en "obtenir" ou "investir".

2) **Apprendre.** Ce terme rappelle certainement aux gens le bon vieux temps où ils devaient apprendre et réviser à l'école. Croyez-moi, personne n'est intéressé par le fait de se triturer le cerveau comme il le faisait lorsqu'il était étudiant. Aujourd'hui, les gens veulent des informations rapides et n'ont pas le temps d'apprendre. Il est préférable d'utiliser le mot "découvrir" plutôt que le mot "apprendre".

3) **Faites-le savoir.** Les gens ne vous prêteront pas attention s'ils ne peuvent pas vous identifier. Regardez attentivement ces deux phrases : "Je veux juste vous dire comment vous pouvez perdre du poids en une semaine" et "Je veux vous dire comment vous pouvez perdre du poids en une semaine". Selon vous, quelle affirmation aura le plus d'impact ?

4) **choses.** Si vous utilisez ce mot, votre lettre publicitaire sera très ennuyeuse et inintéressante à lire. Au lieu d'utiliser le mot "choses", changez-le en "conseils", "astuces" ou "techniques". Croyez-moi, cela garantit une meilleure attitude, plus ouverte.

5) Le produit. C'est le mot que la plupart des marketeurs utilisent pour expliquer à quel point le produit est fabuleux. Comparez ces deux phrases : "Appelez-nous pour obtenir des choses fabuleuses" et "Appelez-nous pour obtenir des cadeaux fabuleux". D'après vous, quelle phrase susciterait le plus de réactions ?

Chaque lettre publicitaire contient un vocabulaire spécifique qui doit déclencher en vous l'impulsion émotionnelle d'achat. Ce langage doit être utilisé avec précaution.

Regardez attentivement ; dans les lettres de vente qui vous vendent certaines entreprises "Get Rich Quick", vous rencontrerez certains mots comme **"clé en main"**. Cela signifie que l'entreprise dans laquelle vous devez prendre une participation est immédiatement opérationnelle et que vous n'avez pas ou peu de travail à fournir pour réaliser un bénéfice. Cependant, la plupart du temps, ce mot est utilisé dans les lettres de vente pour expliquer les logiciels que vous devez encore installer, apprendre et utiliser pour apprécier le service ou le produit proposé. Ce n'est pas correct.

Soyez très conscient des mots **"pourrait"** et **"devenir riche immédiatement"**. Vous pourriez gagner jusqu'à 100 à 1000 $ par mois. Évaluez ce que gagne normalement une personne qui rejoint votre programme d'affiliation. N'essayez pas d'induire en erreur ou de bluffer. Bien que ces mots suscitent des réactions immédiates, vous ne pouvez les utiliser que si vous le pensez vraiment. N'oubliez pas qu'il n'existe absolument aucun raccourci vers le succès. N'essayez donc pas.

Le succès d'une lettre de vente dépend avant tout des mots que vous utilisez et de la manière dont vous les concevez pour atteindre votre objectif. Encore une fois, vous n'avez pas besoin d'être un expert.

Il vous suffit d'écrire en français simple, sur un ton amical et conversationnel, pour rédiger une lettre publicitaire efficace.

LES MOYENS DE CONSTRUIRE UNE RÉPUTATION

Voici quelques méthodes pour établir une bonne relation :

• Dans les lettres publicitaires, nous pouvons souvent faire certaines déclarations qui sont clairement des questions "oui".

Par exemple

Vous savez à quel point c'est important pour vous, n'est-ce pas ? Ne méritez-vous pas le meilleur ?

N'est-ce pas le meilleur moment pour commencer ?

L'ajout d'un point d'interrogation, par opposition à un point, mérite toujours d'être discuté, alors utilisez ce que vous pensez être le mieux adapté à votre situation. Votre objectif est que votre prospect soit d'accord avec vous et fasse ce que vous dites. Jouez avec ses émotions.

• Une autre méthode, analogue à la technique mentionnée ci-dessus, consiste à inclure des témoignages de clients satisfaits. Ils sont très utiles pour augmenter la valeur perçue. Mais utilisez des témoignages authentiques. N'essayez pas de bluffer.

Le miroir est une autre méthode qui vous permet d'adopter l'apparence, le ton et le jargon de vos clients potentiels, qu'ils connaissent bien. Par exemple, vous ne parlerez pas à un médecin, mais à un comptable ou à un gestionnaire d'événements.

La réputation est très similaire à la construction de la crédibilité. La principale différence entre donner de la crédibilité et créer un lien est que votre prospect peut vous faire confiance, mais n'est pas assez ouvert pour dépenser son argent durement gagné sur votre produit ou service. Le fait est que les gens font confiance à ceux qui leur ressemblent plus qu'eux-mêmes.

Chapitre 4 - Finalisation des travaux

LISTE DE CONTRÔLE FINALE POUR UNE LETTRE PUBLICITAIRE

o Il est préférable d'utiliser le nom et le titre du prospect.

o Essayez de rendre la lettre de motivation conviviale et spéciale.

o Utilisez des anecdotes, des slogans et des titres accrocheurs.

o Essayez d'écrire comme vous parlez habituellement. Lisez votre premier jet à voix haute pour voir s'il a un débit clair et libre.

o Faites des paragraphes courts et utilisez un langage simple. Parlez dans le jargon du groupe cible.

o Une fois que vous avez terminé votre lettre, oubliez-la pendant un certain temps. Cela vous aidera à être plus pratique lors de la révision de votre lettre.

o Demandez à vos amis et à votre famille de critiquer et de commenter vos lettres d'information.

o Tout en respectant un format standard, optez pour quelque chose d'accrocheur, par exemple un papier coloré.

o Utilisez une police de caractères facile à utiliser.

o Utilisez toujours P.S. ou P.P.S. pour attirer l'attention.

o Utilisez les témoignages chaque fois que possible pour renforcer votre crédibilité.

o Faites une offre réelle et irrésistible.

o Envoyez quelques lettres de rappel.

o Proposez une option "agir maintenant" en termes de délais, d'offres gratuites, de stocks limités, etc.

o Dites aux lecteurs ce qu'ils doivent faire ensuite. Ne supposez pas que vos clients potentiels le savent déjà exactement.

o Rendez votre lettre de motivation percutante, captivante et attrayante.

o Utilisez des slogans provocants et accrocheurs, quelque chose qui attire.

o Chaque fois que cela est possible, vous devriez offrir une garantie de remboursement ou de satisfaction.

o Incluez une carte-réponse, un numéro de téléphone et/ou une URL.

o Soyez concis, précis et percutant.

o Si vous rendez votre lettre inégale, elle a plus de chances d'être ouverte, car cela augmente le facteur de curiosité. Vous pouvez utiliser des élastiques, des boules de coton et d'autres objets spongieux pour rendre votre courrier cahoteux de l'intérieur.

o Vous pouvez augmenter le lectorat en adressant chaque enveloppe à la main. Vérifiez toutefois si votre budget vous le permet. Si ce n'est pas le cas, n'en faites pas trop.

o Renoncez à apposer le logo de votre entreprise sur votre enveloppe, car cela détériore le ratio d'ouverture.

Les entreprises sont constamment à la recherche de moyens d'améliorer leurs résultats marketing, ce qui nécessite une approche plus personnalisée et ciblée. Une lettre de motivation bien rédigée et bien ciblée contribue largement à augmenter votre valeur de vente. Si vous pouvez donner au prospect le sentiment que vous vous mettez vraiment à sa place et que vous voulez vraiment résoudre son problème, alors presque toute la bataille est gagnée. Il vous suffit de suivre quelques conseils et modèles pour rédiger une lettre de motivation spectaculaire qui remplira votre objectif.

MOT DE LA FIN

Vous connaissez désormais tous les aspects de la conception d'un bon courrier publicitaire. Passons simplement en revue quelques paramètres de base d'un courrier publicitaire efficace.

1. Pour être efficace, une lettre publicitaire doit donner de l'espoir. Aujourd'hui, les gens sont toujours pressés par le temps. C'est pourquoi ils sont constamment à la recherche de produits et de services qui rendent leur vie pratique et confortable. Suscitez donc toujours de l'espoir.

2. Créez un sentiment d'urgence. Pour inciter les gens à agir, vous devez ajouter des incitations à l'offre. Vous pouvez créer un sentiment de pénurie en informant votre lecteur soit que le stock est limité, soit que votre offre existante n'est valable que pour une période limitée.

3. Montrez que vous êtes un expert sur le sujet. Si vous y parvenez, vos clients auront beaucoup plus de chances d'acheter ce que vous avez à vendre. Concevez votre lettre de vente de manière à donner l'impression que vous essayez simplement d'aider les autres et que vous ne tirez pas réellement profit de la vente.

4. Faites semblant d'être impartial lorsque vous rédigez votre lettre de motivation. Les gens détestent être poussés à l'achat par les vendeurs. Ils ont l'impression d'être trompés, même si ce n'est pas le cas en réalité. Par conséquent, si vous parvenez à les convaincre que vous voulez simplement les aider à découvrir ce dont ils ont

besoin et comment procéder, votre tâche est presque terminée. Vous pouvez vous attendre à ce qu'ils vous ouvrent leur porte-monnaie.

5. Convainquez votre client potentiel par la peur. Il s'agit du sentiment le plus fort que vous pouvez utiliser à votre avantage. Essayez de vous mettre dans la tête du lecteur. Concentrez-vous sur le problème que rencontre le lecteur. Montrez-lui que c'est à cause de ce problème qu'il ne peut pas avancer, qu'il est irrité, qu'il s'inquiète et qu'il ne peut pas

besoins honnêtes. Vous devez soulever son problème évident et le faire apparaître meilleur qu'il ne l'est en réalité. Ensuite,

dites-lui comment il risque d'avoir des problèmes s'il ne fait rien pour les résoudre. Puis montrez-lui comment votre produit ou service va l'aider à résoudre le problème.

6. Essayez d'être différent. Vous devez vous distinguer de la masse. Sinon, pourquoi quelqu'un achèterait-il chez vous ? Le meilleur moyen est peut-être de dire à vos prospects de ne pas acheter le produit ou le service que vous leur vendez. Oui, cela peut paraître très stupide, mais ce n'est pas le cas. Dites à vos lecteurs d'acheter les produits et services de vos concurrents. Ce n'est que s'ils ne sont pas satisfaits de leur offre qu'ils doivent essayer vos produits ou services.

La réussite de la rédaction de lettres de vente est essentielle pour le propriétaire ou l'entrepreneur d'une entreprise sur Internet. Les bénéfices sont générés et perdus sur la base de la rédaction de lettres de vente. Peu importe à quel point votre produit est merveilleux, si vous ne parvenez pas à le communiquer à vos acheteurs potentiels et à les convaincre d'acheter votre produit, vous n'y arriverez pas. Apprenez donc à formuler les avantages de vos produits ou services.

Vous n'avez pas besoin d'être un grand écrivain pour rédiger des lettres publicitaires réussies. Tout ce que vous devez savoir, c'est comment vendre aux gens. Vous devez vous mettre à la place de votre acheteur potentiel et vous entraîner à penser comme lui.

Vous connaissez maintenant les règles du jeu. Si vous appliquez ces conseils et directives, votre lettre de vente aura certainement un flux de lecture détendu et facile, ce qui incitera vos clients potentiels à la lire et vous rapportera finalement des bénéfices.